火葬

老舍小说精汇　舒乙/主编

文汇出版社

图书在版编目（CIP）数据

火葬 / 老舍著 . －上海：文汇出版社，2009.1
ISBN 978－7－80741－461－2

Ⅰ. 火… Ⅱ. 老… Ⅲ. 长篇小说－中国－现代
Ⅳ.I246.5

中国版本图书馆 CIP 数据核字（2008）第 203820 号

火葬

作　　者 /	老　舍
责任编辑 /	江　飞
特约编辑 /	县　翔
装帧设计 /	灵动视线
出版发行 /	文匯出版社
	上海市威海路 755 号
	（邮政编码 200041）
经　　销 /	全国新华书店
印　　刷 /	山东新华印刷厂临沂厂
版　　次 /	2009 年 1 月第 1 版
印　　次 /	2009 年 1 月第 1 次印刷
开　　本 /	870×1092　1/32
字　　数 /	132 千
印　　张 /	6.125
书　　号 /	ISBN 978－7－80741－461－2
定　　价 /	20.00 元

老舍小传

老舍（1899.2.3—1966.8.24），我国现代文豪，小说家，戏剧作家。原名舒庆春，字舍予，满族，北京人。出身寒苦，自幼丧父，北京师范学校毕业，早年任小学校长、劝学员。1924年赴英在伦敦大学东方学院教中文，开始写作，连续在《小说月报》上发表长篇小说《老张的哲学》、《赵子曰》、《二马》，成为我国现代长篇小说奠基人之一。归国后先后在齐鲁大学、山东大学任教，同时从事写作，其间代表作有长篇小说《猫城记》、《离婚》、《骆驼祥子》，中篇小说《月牙儿》、《我这一辈子》，短篇小说《微神》、《断魂枪》等。抗日战争爆发后到武汉和重庆组织中华全国文艺界抗敌协会，对内总理会务，对外代表"文协"，创作长篇小说《四世同堂》，并对现代曲艺进行改良。1946年赴美讲学，四年后回国，主要从事话剧剧本创作，代表作有《龙须沟》、《茶馆》，荣获"人民艺术家"称号，被誉为语言大师。曾任全国文学艺术界联合会副主席、全国作家协会副主席及北京市文联主席。1966年"文革"初受严重迫害后自沉于太平湖中。有《老舍全集》十九卷。

序

在七七抗战那一年的前半年，我同时写两篇长篇小说。这两篇是两家刊物的"长篇连载"的特约稿，约定：每月各登万字，稿酬十元千字。这样，我每月就能有二百元的固定收入，可以作职业写家矣。两篇各得三万余字，暴敌即诡袭芦沟桥，遂不续写。两稿与书籍俱存济南的齐鲁大学内，今已全失。十一月，我从济南逃出，直到去年夏天，始终没有写过长篇。为稍稍尽力于抗战的宣传，人家给我出什么题，我便写什么，好坏不管，只求尽力；于是，时间与精力零售，长篇不可得矣。还有，在抗战前写作，选定题旨，可以从容搜集材料，而后再从容的排列，从容的修改。抗战中，一天有一天的特有的生活，难得从容，乃不敢轻率从事长篇。再说，全面抗战，包罗万象，小题不屑于写，大题又写不上来，只好等等看。

去年夏天来碚，决定写个中篇小说。原因：（一）天气极热，不敢回渝；北碚亦热，但较渝清静，故决定留碚写作。（二）抗战中曾屡屡试写剧本，全不像样，友好多劝舍剧而返归小说。（三）荣誉军人萧君亦五在碚服务，关于军事者可随时打听。

天奇暑，乃五时起床，写至八时即止，每日可得千余字。本拟写中篇，但已得五六万字，仍难收笔，遂改作长篇。九月尾，已获八万余字，决于双十日完卷，回渝。十月四日入院割治盲肠，一切停顿。二十日出院．仍须卧床静养。时家属已由北平至宝鸡：心急而身不能动，心乃更急。赖友好多方协助，家属于十一月中旬抵碚。二十三日起，缓缓补写小说；伤口平复，又患腹疾。日或仅成三五百字。十二月十一日写完全篇，约十一万字，是为《火葬》。

写完，从头读阅一遍，自下判语：要不得！有种种原因使此书失败：（一）五年多未写长篇，执笔即有畏心；越怕越慌，致失去自信。（二）天气奇暑，又多病痛，非极勉强的把自己机械化了，便没法写下去。可是，把身心都机械化了，是否能写出好作品呢？我不敢说。我的写作生活一向是有规律的，这就是说，我永远不昼夜不分的赶活，而天天把上半天划作写作的时间，写多写少都不管，反正过午即不再作，夜晚连信也不写。不过，这种细水长流的办法也须在身体好，心境好的时候才能办得通。在身心全不舒服的时节，像去年夏天，就没法不过度的勉强，而过度的勉强每每使写作变成苦刑。我吸烟，喝茶，楞着，擦眼镜，在屋里乱转，着急，出汗，而找不到所需要的字句！勉强得到的几句，绝对不是由笔中流出来的，而是硬把文字堆砌在一处。这些堆砌起来的破砖乱瓦是没法修改的，最好的方法是把纸撕掉另写。另写么，我早已筋疲力尽！只好勉强的留下那些破烂儿吧。这不是文艺的创作．而是由夹棍夹出来的血！（三）故事的地方背景是文城。文城是地图上找不出的一个地方，这就是说，它并不存在，而是由我心里钻出来的。我要写一个被敌人侵占了的城市，可是抗战数年来，我并没在任何沦陷过的地方住过。只好瞎说吧。这样一来，我的"地方"便失去使读者连那里的味道都可以闻见的真切。我写了文城，可是写完再看，连我自己也不认识了它！这个方法要不得！

不过，上述的一些还不是致命伤。最要命的是我写任何一点都没有入骨。我要写的方面很多，可是我对任何一方面都不敢深入，因为我没有足以深入的知识与经验。我只画了个轮廓，而没能丝丝入扣的把里面装满。

抗战文艺，谈何容易！

有人说：战争是没有什么好写的，因为战争是丑恶的破坏的。我以为这个意见未免太偏。假若社会上的一切都可以作为文艺材料，我不知道为何应当单单把战争除外。假若文艺是含有奖善惩恶的目的，那么战争正是善与恶的交锋，为什么不可以写呢？而且，今日的战争是全面的，无分前方后方，无分老少男女，处处人人全都受着战争的影响。历史，在这节段，便以战争为主旨。我们今天不写战争和战争的影响，便是闭着眼过日子，假充胡涂。不错，战争是丑恶的，破坏的；可是，只有我们分析它，关心它，表现它，我们才能知道，而且使大家也知道，去如何消灭战争与建立和平。假使我们因厌恶战争而即闭口无言，那便是丢失了去面对现实与真理的勇气，而只好祷告菩萨赐给我们和平了。

今天的世界已极显明的分为两半，一半是侵略的，一半是抵抗的，一半是霸道的，一半是民主的。在侵略的那一半，他们也有强词夺理的一片道理好讲。因此，在抵抗暴力与建设民主政治的这一半，不但是须用全力赴战，打倒侵略，他们也必须阐扬他们的作战目的，而压倒侵略者的愚弄与谎言。我们的笔也须作战，不是为提倡战争，颂扬战争，而是为从战争中掘出真理，以消灭战争。我们既不能因冷淡战争,忽视战争,而就得到和平.那么我们就必须把握住现实,从战争中取得胜利;只有我们取得胜利,世界才有和平的曙光。我们要从丑恶中把美丽夺回,从破坏中再行建设。这是民主同盟中每一个公民应负起的责任。为什么作家单单不喜欢这个调调儿呢?

这可就给作家们找来麻烦。战争是多么大的一件事呀!教作家从何处说起呢?他们不知道战术与军队的生活,不认识攻击和防守的方法与武器,不晓得运输与统制,而且大概也不易明白后方的一切准备与设施。他写什么呢?怎么写呢?

于是,连博学的萧伯纳老人也皱了眉,而说战争是没有什么可写的了——我记得他似乎这么说过。于是,战时的出版物反倒让一个政治家或官吏的报告——像威尔基的《天下一家》与格鲁的《东京归来》——或一位新闻记者的冒险的经历,与一个战士的日记,风行一时了。不错,一本讲恋爱故事的剧本,或是有十个嫌疑犯的杀人案的侦探小说,也能风行一时,销售百万,可是无奈读者们的心中却有个分寸,他们会辨别哪个是天下大事,哪个是无聊的闲书。等到时过境迁,人们若想着看反映时代的东西,他们会翻阅《天下一家》,而不找藏在后花园里的福尔摩司!而且他们会耻笑战时的文人是多么无聊,多么浅薄,多么懦弱!

从这一点来看,《火葬》是不可厚非的。它要关心战争,它要告诉人们,在战争中敷衍与怯懦怎么恰好是自取灭亡。可是,它的愿望并不能挽救它的失败。它的失败不在于它不应当写战争,或是战争并无可写,而是我对战争知道的太少。我的一点感情像浮在水上的一滴油,荡来荡去,始终不能透入到水中去，我所知道的，别人也都知道，我没能给人们揭开一点什么新的东西。我想多方面的去写战争，可是我到处碰壁，大事不知，小事知而不详。战争不是不可写，而是不好写。

我晓得，我应当写自己的确知道的事。但是，我不能因此而便把抗战放在一边，而只写我知道的猫儿狗儿。失败，我不怕。今天我不去试写我不知道的东西，我就永远不会知道它了。什么比战争更大呢？它使肥美的田亩变成荒地，使黄河改了道，使城市变为废墟。使弱女变成健男儿，使书生变为战士，使肉体与钢铁相抗。最要紧的，它使理想与妄想成为死敌。我们不从这里学习，认识，我们算干吗的呢？写失败了一本书事小，让世界上最大的事轻轻溜过去才是大事。假若文艺作品的目的专是为给人娱乐，那么像《战争与和平》那样的作品便根本不应存在。我们似乎应当"取法乎上"吧？

有人说我写东西完全是瞎碰，碰好就好，碰坏就坏，因为我写的有时候相当的好，有时候极坏。我承认我有时候写得极坏，但否认瞎碰。文艺不是能瞎碰出来的东西。作家以为好的，读者未必以为好，见仁见智，正自不易一致。不过，作者是否用了心，他自己却知道得很清楚。像《火葬》这样的作品，要是搁在抗战前，我一定会请它到字纸篓中去的。现在，我没有那样的勇气。这部十万多字的小说，一共用了四个月的光阴。光阴即使是白用的，可是饭食并不白来。十行纸——连写带抄副本——用了四刀，约计一百元。墨一锭，一百二十元——有便宜一点的，但磨到底还是白的。笔，每枝只能写一万上下字，十枝至少须用二百元。求人抄副本共用了一千一百元。请问：下了这么大的本钱，我敢轻于把它丢掉么？我知道它不好，可是没法子不厚颜去发表。我并没瞎碰，而是作家的生活碰倒了我！这一点声明，我并不为求人原谅我自己，而是为教大家注意一点作家的生活应当怎样改善。假若社会上还需要文艺，大家就须把文艺作家看成个是非吃饭喝茶不可的动物。抗战是艰苦的，文人比谁都晓得更清楚，但是在稿费比较纸笔费还要少的情形下，他们也只好去另找出路了。

三十三年元旦，老舍于北碚。

一

不要说高粱与玉米，就是成熟最迟的荞麦，也收割完了。平原变得更平了，除了灰暗的村庄，与小小的树林，地上似乎只剩下些衰草与喜欢随风飞动的黄土。近处的河流与铁道，和远处的山峰，都极明显的展列着，仿佛很得意的指示出这一带的地势。这是打仗的好时候。

大山在西边。我们不要说出它的名字吧，因为它仿佛已经不是山，而是一个伟大的会放射与接受炮火的，会发出巨响与火光的，会坚决抵抗暴力的武士。

山下有向东流的一条不很大，也不很小的河。河的北边，无论是在靠近山脚，还是距山一二百，甚至于好几百里的地方，都时常有我们的军队驻扎。我们的军队时时渡过河去杀敌；敌兵也不断的渡过河来偷袭。这条浑黄，没有什么航船，而偶尔有几座木筏子的河水，也正像西边的大山，时常发出火光与炮响，成为决不屈服的战斗员。

大山的脚底下，现在，有我们的一军人。

河南边，铁路东边，是被敌人攻陷的文城。

河北边，在文城的东北约五十里的王村，驻着我们的一旅人。

文城的敌军，望见远远的西山，便极度不安的想起山下的一军人——他们必须消灭这一军人，才能逐渐的"扫荡"

山里的军队；他们只有消灭了山下与山上的军队，文城和其余的好多地方才能安安稳稳的爬伏在他们的脚底下。他们怕和恨西边的大山，正好像小儿在黑暗中看见一个丑恶的巨人一样。

同时，我们的驻在文城东北王村的那一旅人，就像猎户似的，不错眼珠的，日夜监视着文城的敌人。只要文城的敌马一往西去，他们便追踪而至，直捣敌人的老巢。

地上连荞麦也割净了，西山的远峰极清楚的给青天画上亮蓝的曲线。山峰高插入云，也仿佛是一些利剑似的插入文城敌人的心中。

右纵队自文城附近渡河，再向西；左纵队自文城先向西，而后再渡河，敌人分南北两路进攻大山脚下的我军。

王村的一旅接到紧急命令，以先头部队两营渡河南进，相机袭击文城和车站。

由全旅选派的便衣队首先出发。他们的任务是：一，要混进城去，探听敌情；二，要把旅长给城内维持会会长——王举人——的劝告书送达；三，要在城内散布开，以便里应外合，克复文城；四，假若攻城不得手，他们便到车站上破坏交通，并毁坏堆栈。

任务是艰巨的，可是三十二条好汉的脸就像三十二面迎风展动的军旗那样鲜明，壮丽，严肃。他们似乎不知道什么叫作危险，而只盼着极快的混进城去——一到城里便好似探手到敌人心脏里去，教敌人立刻死亡！

对化装，入城，埋伏，袭击……他们都是老内行。只要还有中国人的地方，他们便能钻进去；像只要有风便能放起风筝那么简单而有把握。

副队长中尉丁一山虽然已经从军二年，却还像个学生。他原本是位衰落了的大户人家的少爷。在胆量上吃苦耐劳上，他是个顶好的军人——要不然他也不会被派为副队长。但是，在他的身上，总多多少少还保留着一些少爷气。他决不想再作少爷，也丝毫没有以身家傲人的意思；可是，不知不觉的在像一定神或一微笑的，小动作上，他老遗露出一点他的本色。因此，他在军队中的绰号便是"大少爷"。

在初一得这个绰号的时候，他心中时时感到不大舒坦。及至被大家叫惯了，而且看清大家丝毫无恶意，他也就不大理会了。久而久之，以他的勇敢，忠诚，和知识，他给"大少爷"挣来一些光辉；使喊他的人不能不表示出亲热与尊敬。

在朋友中，最足以表示出他的大少爷气味的是他得信最多，写信最多。他用邮票之多，每每教勤务兵惊讶。他的信，十封倒有八封是寄往文城的。文城的王举人——现在的维持会会长——曾经教过他的书，而王举人的女儿，梦莲，是他的未婚妻。他的信都是写给梦莲的——自从他的岳丈附逆，他的信中永没提及那个老人一个字。

从王村一出发，丁副队长的脸就是红的。他异常的兴奋。偷入文城，除了职分上的任务而外，他还要去看看他所爱的人，而他所爱的人的父亲却是汉奸！把所有的主意都想过了，他想不起怎样处理这件事才好。

朋友们都晓得丁副队长与文城有关系，但是没人晓得有什么样的关系，因为他绝对不能对任何人说出：他的未婚妻的父亲是汉奸。

在途中，他把文城城内的形势告诉了大家，并且本着他在抗战前对文城的认识，说出哪里可以隐避，和哪里应当作为联络的中心。

在大家打尖休息的时候，他请示队长："我愿意最先进城，看看情形。下午两点钟，咱们在东门外松树林里相会。"得队长的许可，他揣起几个馒头，快步如飞的向文城走去。

他所提到的松树林是在东门外，离城门大概有五里地。松林的西端有个人家，孤零零的从松枝下露出点黄色的茅草屋顶。树林越往东越靠近河岸。假若看见树再渡河，过了河便可以跑入松林去隐藏起来。丁副队长便是走这条路的。到了树林的西端，他在那孤零零的人家门外耽误了两三分钟。这里住着王举人的佃户老郑，和老郑的儿子，儿媳妇。丁副队长嘱咐老郑帮忙他的朋友，假若他们也走到这里来。他又再三嘱咐老郑，切莫说出他自己与王家有亲戚的关系。

老郑让他喝水，他不喝；让他吃东西，他不吃；让他看一看郑家娶来不到一年的儿媳妇，他摇头。就好像有什么鬼怪迫着他似的，他连一句客气话没说，便急急的跑去。

老郑莫名其妙的呆呆的望着王宅的姑老爷的后影。他呆立了许久。在他刚要进屋里去的时节，他仿佛听到远处响了两枪。

二

上尉石队长是位由心脏到皮肤都仿佛是石头作的硬汉。他的头脸就好像由几块石头子合成的，处处硬，处处有棱有角。圆黑眼珠像两颗黑棋子，嵌在两个小石坑儿里。两腮是两块长着灰绿色的苔的硬瓦，有时候发亮，有时候晦暗。左颧骨特别的高，所以照像的时候，他打偏脸，因为正脸有点难看。高个子，粗脖，背稍微有点往前探着。一双大脚，有点向外撇着，跑起来很快，而姿式欠佳。

凭他这张七楞七瓣的脸，与这条不甚直溜的身子，无论他是扮作乡民，还是小贩，都绝对的露不出破绽来。潜入敌后，简直是他的家常便饭。假若与敌人周旋，他是仗着机警与胆气，可是若没有乡间百姓的帮忙，他即使浑身是胆，也不会马到成功。他原本出身农家，所以他的样子，举止，言语，和气质，都足以使老百姓一见便相信他，帮助他，教他成功。对老百姓，他向不施展他的聪明与手段，而绝对的以诚相见。到处，他极快的便与年纪仿佛的拜了盟兄弟，认年老的作为义父。他的毒辣的手段好像都留着对敌人施用呢。对敌人，他手下毫不留情，就仿佛乡下人对吃谷子的蝗虫，或偷鸡的黄鼬那样恨恶。

他也会极马虎。在用不着逗心机的时候，一个十多岁的乡间小儿都会欺骗了他。他觉得该收起心来，休息几天了，他硬像入了蛰的昆虫似的,一动也不动的任人摆布。这时候,他往往想起他的老婆,而想不起老婆是属龙的还是属马的,也记不得她的生日。他怀疑,现在若回到家中,是否一见面便认识她,因为他在婚后一个月,就离家从军。算起来已有九年半了。同样的,他有几双袜子,几套军衣,和多少钱,他都说不清。往往他的新袜子与勤务兵的破袜子不知怎的换了主人;在发觉了的时候,他也只红着七楞八瓣的脸骂上几句,而并不认真追究。

及至奉令出差了,他全身的每一神经都紧张到极度。他的眼放出利刃般的冷森森的光;他的心像个饿急了的蜘蛛,敏捷的,毒狠的,结起一张杀生的网。这时候,他倒真像个连一粒谷子也舍不得遗弃的农人了。他决不肯在敌人面前丢失一件小东西,他甚至想把打出去的子弹还从敌人身上挖出,带了回来,才心满意足。

这次,在出发以前,他检查了每一个人的手枪。然后,对某人应与某人在一组,他仔细的安排,使各组的人都能刚柔相济,截长朴短,成为坚强的战斗单位。对每个人的化装,他也一一的加以矫正。他不肯有半点疏忽,惟恐怕因一个人有了失闪,而使全体队员失败。都检校停妥,他才下令出发。刚迈第一步,他的鼻子好像已嗅到火药气味。他的大脚好似两个小坦克车,不管地上的砖头瓦块,也不管什么坑坑坎坎,只横扫直冲的"扫荡"。

过了河,他把大家散开,约定下午二时在树林深处集合,以老鹰啼叫为号。他不会唱歌,不会唱戏,唯一的音乐修养是学老鹰叫。到下午二时若听不见老鹰的声音,大家便分头进城,不必集合。大家都没表,可是都会看树影儿;树影是太阳的指针。

刚望到茅舍,他便停止前进。四位弟兄像放哨似的散开。石队长穿的是一身破蓝布棉袄棉裤,满身都是油泥,很像乡下二把刀的厨子。棉袄敞着怀,松松的拢着一条已破得一条一条的青搭包。这时候,他擦了擦头上的汗,说了声"真要命"!这是他的口头语,无论是在最安闲舒服的时候,还是最惊险紧张的时候,他总说声"真要命"来宣泄他的感情。说罢,他由怀中摸出一张破膏药来,坐在屁股底下。又摸出一个泄了黄的臭鸡蛋,和一张用香烟盒里的锡纸包好的扁扁的小纸包儿——那封给王举人的信。破膏药被烫软,他把臭蛋打破,涂在右胸前,然后,把纸包埋在膏药里,贴在臭蛋的汁儿上。"真要命!"他笑了笑。又浓又臭的蛋浆,流成很长的脓道子,他用破棉袄的襟来回扇动,使它们凝固起来。这样加好了彩,他背倚着一株老松,想象着;他要脸色晦暗,肩垂腿软,左手按着膏药,口中哼哼着,稳稳当当的混进城门。这么一想,他身上的汗慢慢的落下去,好像自己能感觉到,脸上的颜色是正在逐渐晦暗,而右胸仿佛真有点疼似的——真要命!

除了这点要以外表的稀松掩饰心中的紧张的想象而外,他简直想不起一点别的事。他很愿意想起一点别的事来,好使他心中平静一些,而心中平静,也许更能帮助他的乔装入城的成功。他试着想念家中的老婆,但是感不到趣味,因为根本想不起她到底是什么样子。再试着想勤务兵偷过他几双袜子,也并不起劲,因为他根本不愿意算旧账。他心中有点急躁。最后,他发现了急躁的原因并不在此,而是在挂念丁副队长。

在平日，虽然没有什么明白的表示，他多少是有点看不起丁副队长。就拿丁副队长的名字——一山——说吧，他在安闲无事的时候，暗自推敲，就不十分高明。怎样说呢？既是个人吗，怎能又是"一座山"？什么山？泰山？华山？翠屏山，要是一座山．就应当标明出山名来；既不标明，到底是哪座山？真要命！石队长，在闲暇无事的时候，运用着"脑筋"，像一位哲学家似的这样思索着。思索的结果是十分不利于丁一山的。不管他——丁一山——是不是真正的大少爷，这个名字反正是没有"脑筋"。假若一山而真是大少爷，他一定不会起这么个不通的名字。假若他——凭他的不通的名字——不是大少爷，而来冒充，那就更没"脑筋"！有了这个结论，石队长十分的高兴，觉得自己比大家都多长着一大块"脑筋"！别人都以为丁副队长确是一位少爷，所以为巴结他，或是为讥讽他，都以少爷呼之。现在，咱却琢磨出他并不是少爷，因为少爷，既上过洋学堂，就不应有个不知到底是哪座高山的名字。这点推论与发现，使石队长在闷得发慌的时候，得到欢悦与安慰。他狠狠的把石印的，亮纸的带着油墨味的《济公传》抛到老远去。"真要命！咱老石比济公还聪明咧！"

但是，平日彼此间小小的故典，到了一同作战的时节，便忘得干干净净。什么话呢，打虎亲兄弟，上阵父子兵，一块儿出来作战的朋友，比亲兄弟还亲。亲兄弟不见得就有生在一块儿，死在一块儿的关系！现在，石队长的心，那颗在见了敌人便坚硬如铁的心，挂念着丁副队长，正好像母亲惦念着儿女那样恳切。想到丁一山对文城的熟习，他咧了咧嘴微笑，暗自责备自己"太神经"。可是，丁一山既对文城熟习，就必定有许多熟识的人啊；焉知道他的熟人中没有汉奸呢？万一叫奸细认破……石队长把按膏药的手移到脸上，遮住了眼睛，仿佛面前有一摊鲜血似的。

好像睡觉撒呓怔似的，他猛孤丁的站起来，想马上进城去，找丁一山。走了两步，他又停住。说好了两点钟在林中相会，不能自己破坏了预定的计划。这是作战，不是闹着玩！虽然这样控制住自己，可是心里依然不安。无聊的拣起两个松子含在口中，也无济于事。

有些脚步声，他极快的藏在树后。

三

老郑极不放心！不放心丁一山。因为一山是梦莲的未婚夫。虽然是佃户，在情义上他却和王举人是老朋友。他特别喜爱梦莲。一来，她本人就可爱；二来，她是王举人的独女。王举人有过三四个儿女，都不幸而夭折；只有梦莲，在提心吊胆的抚养中，长大起来。她是王举人的掌上明珠，而老郑也就永远把她捧在手心上！无论他有什么一点"宝贝"，像是头一个成熟了的鲜玉米，或是两条还顶着黄花的嫩黄瓜，他都极小心的摘下来，用他的最干净，几乎是专为这种事儿预备的白花蓝布大手绢，像裹起珍珠与玉钗那么慎重的包好，给梦莲送了去。

五十多岁了，老郑除了眼睛有点迎风流泪，身上没有一点别的毛病。作活，走路，都和年轻的人一样，或者比他们还更泼辣一些。矮个子，大腮帮，全身的肌肉都一疙疸一块的像些个枣木榔头，腮下稀稀疏疏的一部半长的须，已经半白；在思索事情，或得意的时候，他便用那短棒锤似的手指拇狠狠的擦摸胡须，连腮上都擦红了。而后，像嚼着一半个米粒似的，嘴唇并得很紧，而腮上微动。在看到梦莲的时候，他腮上动得特别厉害；他没有什么合适的话足以表示出对她的喜爱，只好这么不言不语的透出爱她的心意来。

从梦莲幼年直到现在，老郑老叫她"莲姑娘"，而不称

"小姐"。梦莲也知趣，永远没喊过老郑。他永远是她的"松叔叔"。在她小时候，她管他叫作"松树叔叔"，因为他住在松林里。长大了，她把"松树"的"树"字减去，而他就成了"松叔叔"。每逢在莲姑娘叫过几声松叔叔之后，老郑便用各种亲热的音调给她说些松林里虫鸟的故事。他的嘴笨，说不好，说着说着，就停顿下来，而眼睛虽然没有迎风，也流下了泪，一种快活的泪。

在老郑喝过两盅酒，连须子都仿佛发了红的时节，才偷偷的对人说："我要是有莲姑娘那么一个女儿，就是一口气把我累死，我也得给她买绸子衣裳穿！"

他的真诚得到了报酬，莲姑娘把他当作了心腹人。在她十岁的时候，她死了母亲，她的房子很大，来往的人很多，可是她感到空虚。只有父亲和松叔叔是知心的人。她很爱父亲，但是父亲似乎还不如松叔叔那么好。虽然父亲是举人，而松叔叔不识字；虽然父亲作过官，而松叔叔只是个农夫；可是松叔叔的简单就是最高的智慧，他的诚实就是最高的品德。简单的说，松叔叔的可爱，像一株老松或一块山石那么可爱；爱他，而几乎说不出所以然来。

王举人作过几个月丁一山的老师。他很喜爱一山，但是很不喜欢一山的家穷！

梦莲喜欢一山，不管他的家穷不穷。

父女之间，因此，起了许许多多的小冲突。冲突虽小，可是根儿都与梦莲的终身大事相连，所以即使是为一杯茶的冷暖，或一顿饭的迟早，而引起的不快，也会把眼泪诱出来，每一件小小的冲突都慢慢发展到婚事上来。王举人说丁家穷，梦莲就说丁家曾经阔绰过。王举人说过去的富不能补救现在的穷，梦莲说今日的穷或者正好教明天再富。王举人以为娇生惯养的梦莲一定受不了委屈，而娇生惯养的梦莲以为只有受点委屈才足以表现出真的爱情来。王举人，虽然很爱女儿，但在这件事上决定拿出父亲的威严，不许女儿胡闹；即使女儿因此终日以泪洗面也在所不惜。梦莲，虽然很爱父亲，但在这件事上决定以不吃饭，不起床，头疼（真的和假的两种），落泪等等为反抗的工具，几乎是故意的使老父亲伤心。有一天，梦莲逃跑了。王举人发动了不知多少人，到处去找，连河岸上都细细搜查过，可是没有结果。王举人一天水米没有打牙，他很后悔，因为后悔而想到：丁一山那孩子是有出息的。丁家虽然穷，可是王家不是有产业吗？自己只有这么一个女儿，为什么不陪送给她一所房，几十亩地呢？胡涂！——这回，他骂的不是梦莲，而是他自己。

当王举人在家后悔的时候，梦莲正快活的含着泪与松叔叔谈心。松叔叔，在开始，并没听清她的话，因为他觉得梦莲的来访，至少像一位公主或仙女来到他的茅舍，乐得他说不上话来，也听不进话去！

"草房！草房！"他连连的说。意思是：他的草房简直没法接待一位公主或仙女。他把凳子擦了再擦，才请她坐，他把铁锅刷了再刷，才给她烧水。他把珍藏着的一撮儿香片，找出来为她泡茶，而后想起至少须为她煮五个鸡蛋——刚下的大油鸡蛋。只顾了忙着这些，他只感到耳鼓上受着一些温美的刺戟，而听不清她说的是什么。

慢慢的，水开了，茶泡了，鸡蛋已煮好了，而且一让二让三让的使梦莲没法不吃点喝点了，他的心才安下去，而请她把话重述一遍。

他听明白了,梦莲喜爱丁一山。把十根小棒锤放在磕膝上,腮上微动着,他听明白了她的话。腮上又动了好多下,他完全同意于她,她应该喜爱丁一山。他本不大认识丁一山,现在,他似乎看见了一位最可爱的年轻貌美的,头插金花,十字披红的驸马爷。

梦莲说一句,松叔叔点一次头。把话说完,她得到松叔叔百分之百的同意与同情。

及至她问道:怎么办呢?松叔叔直楞了一刻钟,或者更多一些。他觉得,凭他的岁数与经验,他一定有办法,可是,在这一刻钟的沉默里,他什么也没想起来。他的脑子,在这时候,活像一块木头,而且是被虫子盗空了的木头。

最后,他拿出最高的智慧,说了声:"莲姑娘,我送你回家吧!"

天已经快黑了。梦莲思索了一番,觉得除了接受松叔叔的智慧,还不容易想出更妙的办法来。

于是,她就好像迷路了的羔羊又找到了老牧人似的,随着松叔叔与一个破灯笼回了家。

在路上,松叔叔想起来一个超智慧的计策。"莲姑娘,莲姑娘!"倒好像莲姑娘会随时被周围的黑影给卷了走似的,他连连的叫着。"莲姑娘,咱们可以扯谎吧?"

莲姑娘莫名其妙的轻噍了一声——那种妇女特有的,闭着嘴,下巴稍微一低,像在嗓子里边敲了一声小玉磬的噍声。

松叔叔以为这声轻美的玉磬是表示同意。"莲姑娘!咱们扯了谎,我才能对举人爷说话!"

"说什么话?"莲姑娘问。

"你教我说什么话?"松叔叔故意的卖弄着聪明。

"唉!婚姻的事!"她的思考能力也不弱。

"就是啊!"松叔叔把想好了的话故作惊人之笔的提出来:"莲姑娘!是上吊好还是投河好?"

"谁呀?"她在黑影里有点害怕。

"扯谎呀!"怕把她吓坏,松叔叔急忙的直说下去:"比方说,咱们说你去跳河,教我给救了。你才有劲,我才有劲!举人爷要不答应婚事,你,莲姑娘,就说,今个晚上歇一夜,天亮再去跳河!我就说:莲姑娘,你要跳下去一个时辰,我才赶到,不就太晚了吗?这么一说,举人爷准得吓成秀才爷,事情就成了!"

照计而行,事情果然成了功。

老郑的欢喜是无可形容的!经过好几天的述说与思索,他决定了可以自居为莲姑娘与丁一山的大媒!从这以后,莲姑娘就是买一包糖炒栗子,也把几个最大的挑出来,给松叔叔留下。

老郑极不放心一山。一山来的那么奇突,走的又那么匆忙,而且在他走后,老郑还好似听见了两声枪响!不放心!不放心!没敢进屋子,他把正在林里砍柴的铁柱——小郑——找到,嘱咐他到路上去看一看;路上若看不到什么,就进城到王宅,问问莲姑娘可曾看到了丁一山。

四

　　四个在林中放哨的弟兄之一，李德明，看见了铁柱子匆匆走去，又匆匆的跑回来。李德明，身体像牛而心像狐狸的李德明，不能随便放过一个可疑的人和半点可疑的事。他迎出林外，把铁柱子截住，很客气的把枪杵在铁柱子的脊背上。铁柱子是个除了砍柴种地，只会混吃闷睡的傻小子，四肢百体好像都是铁筋洋灰铸成的。事情若倒退一年，即使有两个牛似的李德明，即使有两把枪杵住他的脊背，他也不能服气，而必定用他的铁筋洋灰的身体和枪弹碰一碰！今天，他没有反抗，因为他在今年正月结了婚。爹爹老郑在铁柱子结婚的那一天，就盼望得个肥头大耳朵的孙子，所以时常用一套简单而意味深长的话教训儿子："不能，不能再混吃闷睡，装傻充楞啊，铁柱子！你是有了老婆的人！不能，不能再动不动就抡拳头；得像个人儿似的，好好干活，好好的给我生个大头孙子！别看我还能嚼得动铁蚕豆，谁知道阎王爷几时叫我回去呢！没了我，你就是一家之主了！专凭胳臂粗，拳头大，不能治家呀！"

　　这段话，教铁柱子的铁筋洋灰的脑子多少要活动活动；而脑子一活动，身体也不知怎的就受了控制，况且，年轻轻的老婆，不管是丑吧，还是俊美，是值得怜爱的，绝对不能用铁筋洋灰的办法对待她。她，虽然身体并不弱，可是处处是那么温软,即使他是双料的铁筋洋灰,也不能不渐渐的软化。

所以,他今天没有反抗。虽然他的脸红得像蒸熟的螃蟹似的,可是他没有劈手夺枪,而乖乖的拧着眉毛走进树林来。

两个人四只大脚(而且有两只是铁筋洋灰的),把地上的干枝与松花踩得吱吱拍拍的乱响。这,惊动了石队长。他极快的藏在树后。

从树后看明白了来的是李德明,石队长极自然的走过来,倒好像从家里出来,要到外面看看天气那么自然。"干吗的?"他问。

"还没问呢!出来进去的,见鬼见神的,我怕他不地道!"李德明这样的报告,把"报告队长"与敬礼都免去。

"你是谁,老乡?"石队长的石头脸上裂开几道笑纹。"我们也都是庄稼汉儿!"

铁柱子看了看石队长,看了看李德明。李德明这时候,也把笑容摆出来,而且把枪藏在背后。铁柱子脸上的红色减去了一二分。他指给他们:"那里的草房就是咱的家。"他告诉他们:"咱是去找丁一山的。"

"丁一山?"石队长的心几乎要从口里跳出来。可是,他用力把它咽了回去。而且脸上裂出更多的笑纹来。他抓了抓头,把左颧骨仰起向着天,假装在思索:"丁一山?是不是王村那个丁一山?"

"不是!"铁柱子的铁筋洋灰的嘴是不说假话的。"他是王宅姑老爷!""城里的王宅?"石队长顺口答音的问。

"王举人的女儿给了他,还没娶。"铁柱子得意的补上一句："咱爹是媒人！"

"唉！真要命！"石队长心中不十分的舒服。早知道丁一山有个未婚妻在文城，他决不许一山跟他一同来。"你干吗去找他呢？"

"咱爹不放心！"

"为什么不放心！"

"他到咱家来过，连口水都没喝就走啦！"

"真要命！"石队长心里说。而后笑着问："所以你爹不放心？"

铁柱子点了点头。"咱爹教咱去看看。"

"看见他没有？"石队长的心又要跳出来。

"看见了！"铁柱子的黑脸上起了一层白色的小米粒。

"在那儿？他干什么呢？"石队长是用笑容去缓和话语的急切．可是——假若铁柱子稍微精明一点，必定能看出来——笑得已极不自然了。

"他在大槐树下面躺着呢！"

"什么大槐树？躺着？"石队长脸上的笑容一点也没有了，像要生吞了铁柱子似的张着嘴，向前凑了一步。

"离东门二里来地，有两棵老槐树，时常有人在那里上吊！"铁柱子脸上的小米粒更多了些，米粒上的小毛都竖立起来。"丁一山在树下躺着，大概是死啦！"

"死啦？"石队长的嗓子像忽然被什么堵住了的样子，眼睛钉在铁柱子的脸上，半天不能转动。

忽然，他抓住铁柱子的胳臂，声音极低的说："你知道，丁一山是我的好朋友吗？告诉我，他怎么死的？不知道，就猜猜看！"

"咱猜不着！"铁柱子把胳臂夺出来，"走！问咱爹去！"

"李德明！"石队长的声音是由牙缝里挤出来的，牙已咬紧。"教大家赶紧进城！对谁也不准说，不准说——听明白了，不准说——丁副队长的事——大家一知道，就必立刻想报仇，忙中生错，事情准糟！听明白没有？"

"明白！"李德明无心中敬了礼，把枪狠狠的插入腰里，三步当二步的走去。

"走！找你爹去！"石队长命令着铁柱子。

老郑正在门外，背着手来回的走呢。假若心情是可以用尺量的，他对一山的关切应当和石队长的同一尺寸。他并不特别喜爱一山，但是一山是莲姑娘的未婚夫，他就不能不另眼看待了。爱阳光的也就爱月光，虽然明知道月光是由太阳借出来的。

看见铁柱子，他匆忙跑过来："怎样？怎样？"

"完啦！躺在大槐树下面了！"

老人的迎风流泪的眼，这时候，并没有泪。反之；倒好像干得发痒似的，他用手掌使劲的揉了揉，把眼睛揉红。像要嚼碎一粒砂子似的那样用力的咬着牙，连颧骨上都微微的动弹，他的心中着了火！"我的错！我老糊涂了！我应该送他进城！"说着说着，他像全身都软了似的，慢慢的坐——不是坐，他是瘫在了地上。"莲姑娘怎么受得了呢？"

"老大爷！"石队长也坐在了地上。"老大爷！我姓石，丁一山的朋友！我同他一道来的！"

老人眨着迎风流泪的眼——现在可有了泪——无精打采的看了看客人。看明白了，他的腮上慢慢红起来："他的朋友？一道儿来的？你为什么不同他一块儿进城？我问你！"小棒锤似的手指几乎——要不是石队长躲的快——戳在客人的右眼上。

"老大爷,你看哪!"石队长指了指胸前的膏药。"我走的慢哪!"

老郑的眼刚看到膏药,便相信了石队长的话。

"老大爷,那是怎回事呀?"

"丁——"老郑不往下说了。丁一山嘱咐过他,不许把他与王宅的关系说给任何人,而不提出王宅,话又无从说起。

"老大爷,我是丁一山顶好的朋友,他的事我都知道!他是王举人的姑老爷。"石队长看了看在一旁咬着手指甲,呆立着的铁筋洋灰。

铁柱子也不知怎的感觉到不好意思了,搭讪着走开。

"你都知道?"老人要问个水落石出。

石队长点点头:"你老人家是大媒。"

"大媒"像一把钥匙,咯吱一声把老人的心打开。他把一山如何来到,如何急忙的走去,和如何他——老人自己——仿佛听见两声枪响,详细的说了一遍。

石队长的脊背上爬动着一股凉气,心中冒着一股热气,这两股气仿佛在身上的某处碰到一块儿,教他打了个冷战。"老大爷,你看这是谁干的?"

"什么谁干的?"老人的脑子里只有个满脸是泪的莲姑娘,简直没心思再想别的。

"谁打死一山的?"石队长几乎是喊着,这样的问。把话喊出来,他急忙往左右望了望,很后悔这样失去控制自己的力量。

老人想了想:"我不能血口白牙诬赖好人!可是,丁姑爷要是教文城里的人打死的,那就一定是刘二狗!"

"刘二狗?"

"唉,唉!"老人连连的点头,"我知道,他要从丁姑爷的手里抢走莲姑娘,我知道!"

"他是干什么的?"石队长心中很着急,不为莲姑娘,而是为众弟兄。假若刘二狗是给城内敌军作事的,恐怕大家就难得进城了。

"他,二狗,在日本鬼子——"老人说到这里,把声音放得极低,倒好像四围的松树也有耳朵似的,"来到以前,他什么事也没有。日本鬼子进城以后,他不知怎的就当了王举人的蜜——蜜……"老人说不上来二狗的官衔,只知道那是个与蜜有关系的东西。

"秘书吧?"石队长想帮忙解决这问题。

"不错!不错!是秘书!"

石队长心中安定了一点:"他不带兵?"

"不!不!他是文的!"

石队长立起来:"老大爷,你很爱莲姑娘吧?"

老人也立起来:"比亲女儿还亲!"

"好!我和丁一山比亲兄弟还亲!我马上进城,你敢去不敢?"

"我一定得去看看莲姑娘!"

"见了莲姑娘,你给我说一声,告诉他,我是丁一山的好朋友,好不好?"石队长想在王宅安下"埋伏"。

老人揉了揉眼,不客气的打量了石队长一番。"我看你是个好人!可以!"

"一言为定!咱们在城里见!"说罢,石队长迈开大步,往松林外走。

"嗨!"老人在后面喊:"走慢一点!你的疮!"

石队长的脸几乎发了红。杀住脚步,回头含笑的说:"不要紧了,老大爷!脓已经流出来了!"又走了两步,补上个"真要命"!

老远,他就看见了那两株"老而不死"的大槐树!他的胸中像有一锅滚水。"镇静!镇静!老石!"他低声嘱咐自己。他切盼能看到一山尸,好面对面的告诉一山;"老石会给你报仇!"他又切盼尸首已经挪开,因为他不能保险不去抱着尸身大哭一场!

到了槐树下,没有尸身。他的一对老鹰眼转了两三次,就看到树下一片未干的血迹,低着头,咬着牙,把泪咽到肚内,他不敢抬手,不敢停步,而使心中的右手放在眉边,心中的双足立正.心中喊着"敬礼"!

他的心里,这时节,已经不是一锅沸水,而是完全空了。本能的,他往前挪动着脚步。他的眼睛是干的,连一点泪的影子也没有。可是,泪却迷住了他的心——像湿透了的一张白纸那样。都快到东门了,这张白纸上才有了城门,小摊子,房屋,和日本卫兵。看见这末一项东西——石队长总以为敌兵是一种东西——他胸中的那锅水又沸腾起来。但是他须极镇静。他须用全身的力量给自己造出一些冷气,吹冷了那一锅沸水。他的脸上发了青!

低着头,左手按在膏药上,口内哼哼着,他对着那可以立刻杀死他的敌兵慢慢走去。敌兵的枪刺戳住他的胸口。他把破袄的襟拉开更宽一些,一股臭气扑入敌兵的鼻孔。敌兵的厚皮鞋无情的,最傲慢的,狠毒的,踢在石队长的小腿上,使他跌出老远。爬起来,带着一身的马粪,他进了城。

五

文城没有什么特产,没有什么了不起的人物,没有什么电灯与自来水。它只是一个平凡的小城。虽然西门外有火车站,而且附设着修车厂,可是仅足以教关厢洒满了机油和煤渣,在刮风的时候,到处都是带着臭味的灰沙,在下雨的时候,到处都可以陷进去个七八岁的娃娃。虽然因为有了车站,西门与南门外创设了应运而生的打蛋厂与纱厂,可是这些建设似乎并没在文城人民的心理上或经济上有什么显然的影响。

文城城里的石板路,大概曾经有那么一个时期,是相当光滑平坦的,现在,它的作用不是给人方便,而是千方百计的专绊行人的脚。路旁,没有使人看着高兴的铺户与房屋。除了豆腐房——主要的还是为养猪,卖豆腐仅是带手儿的事——酱园,小粮食店,其它的买卖,好像都是在这里作试验的,试验成功,便弄来更多的资本,到别的地方去繁荣市面。这里在晚上八点钟以后,街上便像死了似的,只有些无家的癞狗在黑暗中巡逻和乱叫。假若不是"文城"写在了车站的木牌上与车票上,恐怕人们早就把它忘得一干二净了。

可是,炸弹与枪炮似乎是起死回生的东西。西门外的纱厂与车站都遭受了轰炸;文城的人们开始感觉到吃饭喝茶,生儿养女,喂猪,卖(或买)豆腐而外,还有些更大的责任与工作。他们须设法保卫自己的城池。车站上昼夜过兵，文城的人们昼夜有人在车站上，有招待茶水的，也有卖饼，卖香烟和茶滷鸡蛋的，还有专为数一数过来多少列车，车上有多少兵士的。他们看见了本省的和外省的军队，一样都为他们去打仗。因此，文城的人开始明白，文城不是孤立的一个有几家杂货铺与一座小车站的岛，而是与整个的中华联成一气的。他们的朋友不仅是朝夕晤面的张三李四和麻子王老二，而是全中国的人民。他们的胆气壮起来，也就想作出一点事来，表现出文城并不是一口装着些半死半活的人们的棺材，而是一个足以自傲的地方，因为它也有些欢蹦乱跳，肯作事的人。

文城没有自己的报纸。定阅北平天津或保定的报纸的只有县政府与县立中学。这两个机关，永远把阅过的报纸贴在门外。可是，文城人的看报，不过是一种消遣。他们不但不大了解报纸上所说的国际大事，就是本国的新闻也每每引起他们的误会，而惹起完全与本题无关，越说越远的争辩。现在，日本人的飞机在西门外投过了弹。他们急于看报，而且是认真的看了，因为西门外的死尸与炸毁的屋宇，作了报纸的最真切的保证！——报纸上所说的，不管关于上海的还是天津的事，并非是信口开河，而必定是确有其事；上海与别处所落的炸弹必定和落在文城的一样厉害，或者还更厉害一些。他们信任了报纸，也就信任了抗战，所以，他们老有人在车站上，向旅客，向士兵，"借"报看看。能够把一张报纸，不管是哪里印的，和哪一天的，拿进城中来的，几乎就可以算作一时的英雄！

消息越来越不对了。报纸上所说的，正和敌机的常在头上飞来飞去，两相配合。可是，大家并没有发慌。车站上来了军队，住下了；河岸上来了军队，住下了；王村，李庄，城里的中学，与东关外的松林里，全住了兵！看着士兵们军容的整齐，枪炮的齐备，人与马的精神，纪律的良好，文城的人们不但不慌，反倒睡得更香甜了。仿佛觉得中日战争的胜负就决于文城这一战，而在文城这一战中，中国必定打胜。

大家非常的兴奋。看着城里城外那么多的军队，听着早晚在固定时间吹出的号声，他们虽然不敢明说，可是心里都暗自盼望：快打吧！快打吧！把日本鬼子打败！从文城把日本鬼子打败！

城里最大的人物是王举人，既是举人公，又作过京官，还有房子有地。王举人可是一点也不兴奋。反之，他很悲观。除了对最亲信的人，他并不肯轻易发表意见，可是谁也看得出，他的神色，他的故意沉默，他的不常出门，都是对抗战没有信心的表示。

他是个读书人，并且极以此自傲。在他的心目中，读书人之所以为读书人，就是遇到事情能够冷静的辨别利害（虽然"利害"不就是"是非"）。辨明了利害，才能决定进退出处，这叫作明哲保身。他看不起文城的人们。看，一面军旗，一队士兵，一尊大炮，会教他们忘其所以的欢悦，愚夫愚妇们！不错，在圣经贤传上，他常常碰见忠孝节义等等字眼；这些字眼也时常的由他口中有滋有味的说出，但是这与其说是读书人应当信任这些好字眼，还不如说是读书人有点义务——把这些好字眼挂在嘴边说的义务。因此，在他遇到非亲非故的人，他的口中不是诗云，便是子曰；仿佛他就是一本活的经典。及至遇到他真关心的人,他的诗云子曰就一齐引退,而让位给两个铜板比一个铜板多,或与此类似的考虑与计算了。假若圣经贤传像太阳那么大,王举人的心眼才不过是个针孔,或更小一些。

"清癯"是王举人愿意拿来形容自己的两个字。中等的身材,小瘦脸,王举人并没有使人望而生畏的威严。全身,除了一些不十分硬的骨头,便是一些带着皱纹的软皮;无论他怎样怜爱自己,当他摸到自己的一身骨头与软皮的时候,也感到十分失望。所以,他一天到晚总去摸他的胡须,好教他的手有个地方放一放。他的胡须也并不体面。一共大概有几十根吧,而且每一根似乎都没有固定的颜色,黑不黑,白不白,又不肯定的黄或红。其中,有四五根很长,十几根极短,其余的都一根有一根的独立的尺寸,仿佛完全是偶然的长在一处。可是,王举人很珍惜这些根"乌合之众"的毛儿,因为他以为只有这种稀疏,古怪,不美观的胡须,才正好配得上他的"清癯"。他常常的想:凭他的小瘦脸,稀胡子,再加上蓝纱袍,大红福字履,和一把雕翎扇或团扇,教传真的好手给他画下像来,他必定和陶渊明,李太白,至少也和吴梅村,一样的潇洒俊逸!

一阵狂风,也许把他吹散,一场暴雨,也许把他浇瘫。但是,即使被风雨摧毁,他的眼睛会永远完整的存在。他的生命的力量,仿佛都在这一对眼睛上呢!单眼皮里包着一双极圆,极黑,极活动的眼珠,一齐往上翻,一齐往下落,一齐往左往右疾行。他的一双黑眼珠,在单眼皮的掩护之下,像一对诡计多端,无时不闹事作祟的小黑鬼儿。自左而右,或自右而左,两个小黑鬼极快的一走,从这个眼角走到那个眼角,他便从圣经贤传看到两个铜板比一个铜板多!

"梦莲!"王举人托着水烟袋,用单眼皮遮住黑眼珠——他不愿教女儿看出他的聪明,因为心中有些怕她。"你看怎样?"

"什么怎样?"梦莲似笑似不笑的问。

"听说,连东门外的松林里都来了军队!"他用水烟袋向东指了指。他不敢说"战事"两个字,而只提出松林里的兵。他怕战争。

"这两天,我的心老跳!"梦莲把柔软而洁白的小手按在胸前。

"怕?"举人公从上下眼皮的小缝里放出点黑光来,又赶紧收回去。

"不是怕,"她又似笑非笑的说:"是兴奋!"

举人公吸了两口烟,然后又用烟袋向外一指:"你也和他们一样?"

"谁?"她慢慢的把小手从胸上挪下来,检查自己的手指——每个指甲都剪得圆圆的,短短的,没有任何可挑剔的地方。

举人公先摇了摇头,而后不愿得罪女儿,又非说出不可的,低声的说:"那些无知的人!看见几个兵,一面军旗,就忘其所以的高兴!"

"爸爸,你不高兴看见咱们的军队!"梦莲的眉头皱上了一点。

举人公低着头,用眼皮遮住来回转的黑眼珠。眼珠转了几次;他从战事看到家破人亡。沉默了好大半天,他长叹了一声。

六

军队调来了,军队又调了走。人不知鬼不觉的来到,又人不知鬼不觉的开拔。文城的人们心中有点不安。他们猜测,而猜测便产生了谣言。乐观的张三以为日本人不会打到文城来了,因为我们的军队已经调走,去到远处截击或追击敌人。悲观的李四以为我们的军队调走,是因为别处的兵力太弱;那么,假若军队都调了走,而敌人向文城攻打,岂不是得唱空城计?这两种,且无须再多说别种的,猜测都各自去找它们的佐证与根据,于是可信的与不可信的消息都一到文城便变成了使大家狂笑和皱眉的,有传染性的东西。

这种有传染性的东西可是传染不到王宅,不仅是因为王宅的房高墙厚,而多半是因为王宅的主人根本不受传染。他有自己的主张与打算。他会从八股与策论中找到他们实际的,像两个铜板永远比一个铜板多的道理与办法。

东门松林外的地是他的地,松林里可住了兵。他不放心!不管那是哪里来的兵,和为什么来的兵,他不放心!西门外纱厂有他的股子。纱厂被敌人炸毁,他悲观!不管那是谁的炸弹,和为什么轰炸;他悲观!由这些使他关切与悲观的事实,再推想到他的房子,他的书籍,他的金银器皿;他的黑眼珠不论是怎么转,总转到损失,饥饿,甚至于毁灭上去!最后,还有他的女儿呢!自从她生下来直到如今,他所得到的只是"爸爸"这两个字。"爸爸"有时候是带着笑声喊出，有时候是带着怒气喊出的，喊出的时间与声音的不同，便是病痛，顽皮，闹气……种种的直接的表现。这些表现使"爸爸"心中受到不知多少折磨。可是，尽管折磨很多，他不能不爱他的女儿，他只有这么一个宝贝。况且，这个宝贝又是个女儿，而女孩子，是他以为，最会给家庭丢人的东西，应当昼夜监视着，像看守一个大案贼一样！在太平年月，这些折磨与操心，倒也还有它们的苦痛中的乐趣，及至到了兵荒马乱的时节，它们便成最大的负担与责任，使人只想流泪！

是的，地亩，股票，房产……还有女儿，缠绕住王举人的心！他无暇顾及比这些东西更高更远的事。他不能为别人筹画什么，他自顾还不暇呢！他不能从国家民族上设想，而把自己牺牲了；因为命只有一条，而国家是大家的呀！

他的心愁成了一个小铁疙疸！他想带着金银细软，与女儿，逃往上海或天津。不行，那些地方也有战事！战事，战事，到处有战事！他以为这简直是故意与他自己为难，教他老头子连个逃避的地方都找不到！逃既不行，那就只好硬着头皮留在家里，看着自己的房，自己的地，倒也不错。可是，炸弹又不知哪一时会从空中落下来，把他的房子，书籍，器具，连他自己，都炸个粉碎！

最难处置的，还是那个会喊爸爸，可爱又可气，而且不能随便放弃了的梦莲。假若她是顺着他的心意定了婚的，事情就简单多了。弄一顶轿子，马马虎虎的把她送到婆家去，即使陪送上五十亩地也是好的——反正荒乱的年头，地亩也不甚值钱。这，岂不干净利落？可是，她偏偏爱那个丁家的小子，要死要活的闹得满城风雨！丁家的小子，在哪儿呢？听说已经当了兵！胡闹！胡闹！一百个胡闹！作老子的赶上这个时代，这个年头，就算倒了霉！倒了"死霉"！王举人真动了气，居然把经传上不见的字也运用出来。

他可不敢堂堂正正的责备梦莲。他有点怕她。当他把小黑眼珠睁大，旷观宇宙的时候，他觉得只有梦莲是他的亲人。天上有那么多的星星，地上有那么多的生物，可是只有梦莲时常立在他身边，叫他"爸爸"。同时，她似乎又离他很远；她的行动每每教他吸过十几袋水烟，还琢磨不透。她离他最近，也离他最远，像吹到脸上的风似的，刚碰到，就马上走向野海或大漠去了。看吧，她平日看到一个毫无伤害人的意思与能力的绿虫，都把小脸吓得发青，可是空袭解除后，她会穿上男人衣服（什么样子）去加入救护队，弄得混身像小泥猪似的才回来吃饭！奇怪！平日，邻居若是有打架的，都足以使她藏在屋里，半天不敢出来；出来以后还必定闹点头疼。现在城里城外都是军队，看她，不但不躲起来，反倒给士兵们去送茶水与鞋袜！平日，有亲戚来看她，她都有时候故意的不见；现在，任何一个生人，不管是士兵，还是难民，仿佛都是她的熟朋友！

关于她的婚事，就更不能提！当丁一山在文城的时候，两个人几乎老在一块，使王举人看着都觉得脸上应当发烧。及至一山去从军，王举人以为大难又临了头，她一定天天和爸爸发脾气，不说她想念一山，而说爸爸一切都不对。奇怪，她并不发脾气；反之，她倒欢欢喜喜的告诉爸爸：一山要是作了军官，回来与她结婚，够多么体面呢！王举人看不出体面在哪里，她便引电影为证，说外国的女郎都喜欢军人。王举人心里说:"幸而文城不常演电影!要不然,她还许去嫁个洋人呢!什么话!"

"梦莲!"王举人悲痛的说:"怎么办呢?"

"什么怎样办?"她又换上了男装,小手插在裤袋里,仰着脸,似笑非笑的问。

"唉!"王举人长叹了一声,不愿说下去。他觉得女儿离他有十万八千里。不用跟她多费话吧。他的痛苦与忧虑简直不是他的那个心所能容纳的,因为他的心才有一颗干黄豆那么大。

女儿既不能给他分忧解愁,他切盼有个人——或者哪怕是一条狗呢——来和他谈一谈,给他出个妥当的主意,保全他的老命,家产,和——唉,没办法!——他的女儿!

他很羡慕老郑。老郑一看到松林里来了军队,便把媳妇——一张八仙桌,腿儿朝上,上面盖了一大块蓝布,便算作花轿——接过门来。这样,媳妇的娘家放了心,而老郑也觉得对得起祖宗与儿子。

老郑对得起儿子,王举人可是对自己的女儿毫无办法!

老郑拿来五十块现洋,交给王举人,请举人公给他保存,作他的"棺材本儿"。

"你教我给你存钱,我的钱教谁给存着呢?"王举人的小黑眼珠上顶着两小颗泪!

这,把老郑问住了。他本来想把钱埋在松林里,可是松林里有兵。又想把钱缝在腰带里,身不离货,货不离身;可是,假若日本兵来到,把他打死,岂不连钱带命一齐丢掉?

想来想去,他决定把"棺材本儿"交给举人公去。在他心中,他觉得无论是天灾还是人祸,是总不会轮到举人公身上的。举人公不是凡人,他必有神灵保佑着。再说,即使举人公的命不像他——老郑——所想的那么结实,不是还有莲姑娘吗?莲姑娘住在哪里,哪里就一定平安无事,像"姜太公在此,诸神退位"那样。莲姑娘若是有什么失闪不幸,世界就必同归于尽,一点含忽也没有,同归于尽!

举人公不接受那份"棺材本儿"!老郑的心里,打了个冷战!

"举人公!难道日本人打进城来,就真的鸡犬不留吗?"老郑揉了揉迎风流泪的眼,急切的等着足以使他获得安慰的问答。他切盼举人公摇摇头。可是,举人公竟点了点头。

"鸡犬不留?"老郑的牙又嚼着一粒无形的米。

举人公又点了点头。

"好!"老郑握紧了拳头。"好!"用拳捶了磕膝一下。

"怎么啦?老郑!"举人公低着眼皮问,显出不动声色的样子。

"打就是了,还有什么可说的!打就是了!"老郑脸上的皱纹,这时节,都像是一根根铁丝织成的了!

"打谁?"举人公问。

"谁无缘无故的来祸害我,我就打谁!谁来'鸡犬不留'我就教他'死无葬身之地'!"老郑很恰当的用了两句成语,眼睛忽然一明,看举人好像比平日短小了一些。

举人公半天没说出话来。他本想和老郑谈谈心,谁知老郑也和梦莲是一路货!

"去吧,老郑!"举人公把老郑赶走了,独自紧皱着双眉!

七

连着三夜了，文城，带着多少人的跳动的心，与微微的几点灯火，静静的听着远处的炮声。

城里只剩了一连兵，河岸上还有一营。

文城的人们开始互相的问："你看到底怎样呢？"把"到底"说得特别的有力。

谁也回答不出来。即使有人极大胆的去判断，他的语气还是"仿佛"，而不是"到底"。

可是，大家并没有十分发慌，因为城里和河岸上还有那么一些兵。兵的数目虽少，可是每一个人的脸上都带出那么坚决，那么沉着，那么勇敢的神气，使大家觉得假若自己还一劲儿发慌．就对不起人！

连长，唐立华，虽然到文城来才不过一个月，可是仿佛已经像自幼就生在这里的了。谁都认识他，因为他的身量比常人高着一头。连刚学说话的小娃娃，都会那用带着小肉坑儿的胖手指，指着他，嘴里好像学打锣似的说：唐！唐！唐！谁都喜欢他，他是那么和气，那么简单，那么直爽，仿佛永远把他的鲜红可爱的一颗心挂在胸前，教谁都能看得清清楚楚。任何人跟他说了一半句话，就马上感到连长把那颗挂在外面的，鲜红可爱的心，摘下来，放在他——任何人——的胸里。

当大家在屋里静静的听着炮声的时候,他们的心无法不跳得比平常快一点。可是,同时,他们也知道,唐连长——那个黑塔似的好人——是在他们的街上和他们的城墙上走动呢。他是文城的护神!炮声一紧,人人都想去问唐连长——到底怎样呢?

唐连长永远板起笑着的脸一小会儿,而后又笑一下,才回答:"我不知道别的到底怎样,我知道我跟敌人干到底!没了文城,就没了我!"

这个简单的,并不十分乐观的回答,把文城的百姓感动得落了泪。假若不是打仗,唐连长也许一辈子没听说过文城,更不用说来到这里了。他和文城简直没有任何关系,可是他决定与它共存亡!"看看人家唐连长!"这一句话几乎是在每个人的嘴上,而每个人的心中也似乎有了一个决定:"咱们还怕什么?"

炮声越来越紧了。天还相当的冷,刮着尖溜溜的北风。在北风刮来的时候,文城的人们还可以很清楚的听见机关枪声。大家的眼,像受了惊恐的小儿寻找妈妈似的,都钉在唐连长身上。唐连长的脸上还是照样的笑着。他的笑容使许多人板紧了的脸松开一点。他的话语更少了一点,表示出他绝对有办法;有办法的人是用不着乱吹的。他连走路似乎也慢了一些,他不是几声枪炮所能吓慌了的人。

"唐连长不慌,咱们就不慌!"文城的人们像落在水的人抓住了一块木板似的,把生命托咐给唐连长。

可是,唐连长,通过地方政府,劝告大家迁移。胆子小的,而且有地方去的人们,开始含着泪往城外搬家。但大多数的人,因为交通的困难,老家的难舍,金钱的不方便,或是家中有病人，都不肯走。这时候，他们才感觉到文城的可爱。在平日，因为文城的穷苦与简陋，大家仿佛只好相信自己的"八字"不好，才能忍气吞声住下去；看，那些命运好的人，不是都上了天津上海么？就是那到保定或石家庄的也总比在文城穷混的强啊！现在，大炮将要打碎他们的城，他们的家，与他们的性命，而他们无处可逃！看着他们的老人妇孺，看着他们的那些灯锅碗筯，他们觉得文城必须守住，文城与他们和他们所有的一切是不可分离的！

在前两三个月，他们听到学生的讲演，看见过各色纸制的标语，甚至于还看过一两次话剧。讲演，标语，话剧，都向他们说过一番颇有道理的话；可是，他们听过，看过，以后，还是依旧过着他们的日子。标语没有教豆腐便宜一个铜板，话剧也没有教谁走了好运。他们没有得到什么实际的便宜，便也犯不上多关心什么国家大事。文城就是文城，马马虎虎！现在，假若他们敢半夜里爬上城去看，就可以看见敌人大炮的火光！他们想起话剧与标语上那些好话。他们必须守住文城，否则一切都要丧失。他们的性命，现在看起来，是牢牢拴在了文城的。

他们最实际，但是到了鼻子碰在墙上的时节，他们也会想用拳头把墙推倒；尽管拳头出了血，而墙还不倒，也不妨试一试。实际与理想，狭小与崇高，在他们的心里，都只隔着一层窗纸。

他们必须作点什么，好表示他们不是坐着等死的人。他们给军队抬沙袋，运子弹，挖壕沟……他们卖点力气，赔上时间与金钱，都没关系；只盼能打个极大的胜仗，把文城保住。

他们很希望城楼上插起各色旗帜，城墙上摆列起枪，机关枪，与大炮，而唐连长应当像关公似的骑着大马出城迎敌。可是，唐连长把士兵埋伏在松林里，车站上，纱厂里，城里简直没有一个兵。他们感到了惶惑不安，不晓得这是什么战法。假若不是他们对唐连长有那么深的信仰，他们几乎要说出他是怕死贪生，把兵都藏起去了。

更使大家心中不安的是，据说，王举人去见了县长，而县政府要马上迁出城去！王举人和县长的价值，这时候，被大家大大的打了折扣。县政府的门前挤满了人，看县长怎样的搬家。可是，县长出来，告诉大家，政府中的档案是必须拿走的，他派定第一科科长将它们拿走。政府中上了点年纪的职员是理当疏散的，他已给他们找到地方，马上离城。但是，政府中的青年职员和他自己是决不离开文城一步的。不幸，他若是必须死的话，文城是他最好的坟墓！

文城的人们不会欢呼，不会鼓掌。听了县长的话，年轻人的胸口挺起，年老的人流下泪来。一个敢说话的小伙子问县长，为什么城里没有一个兵？县长反问：你们这些年轻人都是干什么的？日本贼寇是来打你们的城，你们的家呀！

于是，文城年轻的人在县长领导之下，开始拿起刀枪棍棒，在城门口，在街心，尽着他们守城的责任。拿在自己手里的一条棍，胜似别人手里的两支枪。文城的人开始感到自信，和一点英雄气概。

炮声越来越近了。他们守河岸的弟兄们，文城的人们这么想，恐怕都睡了觉吧？为什么敌人一劲儿开炮，而我们连一枪也不发呢？大家正在这样怀疑的时节，被派到河岸上服务的壮汉们抬回来几位伤兵。由伤兵的口中，他们知道了我们一营人倒有一半早已渡过河去，三个一群五个一伙，布好了十面埋伏，教敌人前进一步，就要死许多人！敌人有飞机，我们没有；敌人有大炮，我们没有；敌人有各种战车，我们没有。可是，我们的机关枪，步枪，和手榴弹，会像勇敢而聪明的猎犬，冷不防的咬住那祸害人的狼与狐狸的腿，而结果了它们的性命！

"我们胜了？"文城的人们问。

"论炮的响声，敌人胜了；论死尸的多少，我们胜了！"一位受了伤的同志这样回答。

文城不是个富庶的地方，可是找几口猪，几百斤粉条，与几缸白干酒，还不是很难的事。很快的，肥猪，粉条，白干酒，由两位年高德劭的绅士——一高一矮——押送到河岸去劳军。两位绅士都带上了两包小号哈德门香烟，为是见了官长好敬烟，表示出文城的人是见过世面的。

可是，东西怎样抬去的，又怎样抬了回来。他们找不到营部。他们逢人就问，而且觉得那些人必定知道，可是他们只得到了摇头。两位绅士低着头，吸着敬客的哈德门烟，不住的念道："这是神兵！这是神兵！来无踪，去无影！"

"神兵"在不大的工夫已传遍了全城。大家都后悔了——他们曾经怀疑过：河岸上只有一营人，是否能挡得住敌兵？现在。他们完全相信神兵是以一当百的，即使敌人开来十万人马，也是自来送死。

他们去找唐连长，要从唐连长的口中证明他们的想法是完全正确无误的。

唐连长可是并不像他们那样乐观，他告诉他们：敌人要我们的城，我们就要敌人的命。城，在最后，也许丢掉，可是在丢了以前，要使敌人赔上顶多的血肉！他还告诉他们：我们军人要使尽方法，把枪弹打进敌人的致命的地方；你们老百姓要日夜不息的防备汉奸，别中了敌人里应外合的诡计。

"汉奸"在文城人们的心中，是最不体面的两个字。当他们辞别了唐连长以后，他们觉得自己的脸上都怪不得劲儿的："文城。咱们文城，能有汉奸？"假若有的话，"谁？"

"谁？"没有人能回答。"汉奸"是不能随便掷在任何人的头上的。

可是，猜测产生惶惑，而惶惑便容易把猜测变成结论，好使心中安定。他们很快的怀疑到王举人，由怀疑而很快的给王举人判了罪：王举人是汉奸！

城内，谁的院墙最高？王举人的。平日，他的高墙仿佛老对大家耳语："不要靠近我，我是保护举人公的，你们都是贼！"现在，文城在危险中，这些高墙依旧不许任何人靠近。王举人在这些高墙里面干什么呢？没人知道。

县长发动了全城的壮丁，保护文城，王宅可曾出了一个人？没有。大家抬着猪酒去劳军，王宅可曾出了一个人，还是一个钱？没有。王举人是活着呢，还是死了呢？一定是活着呢，不是据说他去过县政府，劝县长同他一块逃走吗？况且，王举人的朱漆的大门里，近来有谁常由门缝里钻进去，钻出来？刘二狗！文城没有汉奸便罢；假若有，刘二狗必定是一个！刘二狗可是近来常上王举人那里！刘二狗，那么，要是汉奸；王举人就必是汉奸的头子！

他们没有确凿的证据，证明王举人是汉奸。在平日，即使他们拿住什么把柄，大概也不敢有人出头和王举人碰一碰。今天以他们的爱护文城的热诚，凭王举人对抗战的冷淡，他们觉得不应当再过分的惧怕举人公。反之，为了文城的安全,他们即使没有力量把举人公按汉奸办罪,至少也该去问问他,到底他是怎么一回事。

两位年高德劭的绅士——一高一矮——很愿意去和举人公谈一谈。当前两天要去劳军的时候,大家众口一声的都以为举人公应作代表。可是举人公胆子小,不敢到河岸上去冒险。因此,一高一矮的两位绅士才带着哈德门烟跑了一趟。两位绅士在文城的地位,虽远不及举人公,可是自从这次"偏劳"以后,他们的名誉突然增高了许多。他们二位愿意去和举人公谈谈。

举人公有点不舒服,拒绝见客。两位一高一矮的绅士恼羞成怒,很想在王宅的朱漆大门外给举人公点颜色看看。当他们还没十分决定是马上发作,还是少安勿躁的时候,梦莲小姐出来,把他们让进去。

梦莲,什么都怕,什么又都不怕的梦莲,皱一皱眉,笑了一笑,学着男子汉的姿态,把小手插在腰间,声音很小,可是很有力的向他们说:"我知道你们两位的来意!有我在这里,我爸爸不会作对不起人的事!"说完这两句,她的脸蛋上红起两小块,轻嗽了一声,仿佛是告诉他们:"用不着再多费话。"

两位绅士像是还没听够,但是想了一想,又觉得这么干脆倒也不错。

两位绅士——一高一矮——放了心。文城的人们也都放了心。"无论怎说,梦莲小姐是会管束举人公的!"大家这么想。有了这个结论,大家仿佛已经把汉奸完全肃清,即使偶然还提到这问题,也会由忧虑而放心,因为"梦莲小姐总会管住举人公的"!

八

石队长进了城。低着头,他把牙咬得吱吱的响。他恨、恨、恨踢倒了他,教他"滚"进城来的敌人。他真愿意掏出枪来,一下子把那个两条腿的矮狗的脑浆打了出来,溅在城门上!可是,他控制住自己。他不能因快意一时而耽误了大事。他须带着耻辱,马粪,去执行他所应作的任务。

他不敢在街上东瞧西望,而只能像牲口似的低着头,用眼角收取一切他所应记住的地方和景象。在平日无事可作的时候,他是个无忧无虑的大小孩子。现在,他要思索,忍耐,勇敢,勇敢而狡猾。他须违背着自己的本性去执行那最狠毒的计划,而且只有忠诚的去执行,才能消灭他所最恨恶的矮狗们。他的口很干,好像马上须喝一大桶冷水,方足以浇灭心中的火,也就解了口中的干渴。他心中的火是由于和善的天性与毒辣的计划——像阴阳电互击而发生雷闪那样——的磨擦而来的:他要爱,他又须恨;他想活,他又应当去死!没遇到挑水的,也没看到井,他用力咬牙,强迫出一点津液。把这么可怜的一点津液咽下去,他浇灭了心中的火。不,不,不,他不能再这么乱想,瞎耽误工夫。他应该马上动作,像猛虎看准了一条猪而带着风扑过去那样去消灭敌人!是,是,像猛虎似的那么准确,那么勇敢,那么狠毒!他的眼发了光,七楞八瓣的脸上有些发烫,心中轻松了许多，光亮了许多，他开始感到一种愉快，而几乎要高声的学老鹰叫。

他的愉快只勉强的维持到一分多钟。他所看到的文城已是一座死城！城里，并没有遭受过轰炸。可是，街上没有一个小孩，甚至于看不到一条狗。铺子都开着，但没有人出来进去。茶馆——还开着——没有人。酒肆——也还开着——没有人。作买卖的几乎都是五十岁以上的男或女，不像作买卖，而像看守着还没有下葬的棺材。铺子里都收拾得相当的干净，但是货物——连点心之类的东西都算上——好像都是一年前的旧东西。纸褪了色，铁生了锈，可以被虫子蚀咬的已经都带着小孔或脱了毛。街上，也相当的干净，没有随风飞舞的碎纸，鸡毛，蒜皮，连小孩的屎迹也看不见一摊。相当干净的铺户排列在相当干净的街道两旁，静静的，没有笑声，没有行人，没有小孩玩耍，没有鸡犬的啼叫，好像全城的人都忽然害了什么病，忽然都死去，而留下一座阴森而干净的城。遭受过轰炸的城，并不像文城这么使人难堪，因为火与血的灾祸会使人愤怒，呼号；会使人因丧失了邻居，朋友，亲戚，而更增多了自己的生命——去报仇。文城仍然是完整的，而且比以前更清洁了，但是它没有了生命。它很像一个穿得很整洁的"睁眼瞎"，还睁着眼，但是什么也看不见——慢慢的，走向坟墓里去！

唯一的鲜明的东西是到处像刚刚贴好的标语——日本的纸，日本人制的标语。各色的纸，都发着光，在墙上，门上，和柱子上。它们的彩色是那么鲜明，而门墙与屋柱是那么黯淡，活像死人的脸上擦了胭脂与铅粉。

街上偶然有几个行人，即使他们是至好的朋友，或亲戚,也都不敢并肩而行,而是调动好了,保持着相当的距离。他们的眼都看着地,只从眼角彼此打个招呼。不敢说话,不敢露出笑容,他们甚至不敢高声的咳嗽。当他们进铺店买点东西的时候,他们像老鼠似的溜进去,而后极快的像老鼠似的再溜出来。他们的一切行动,即使是买一块豆腐,都会给自己惹来灾祸,都会被送到进去就死的牢狱里去。他们既不是日本人,也不是中国人,而是还会吃饭的死人。

石队长,转战西北的"老"行伍,看见过北平的天坛与金鳌玉栋,看见过天津的洋行与电车,也看见过仅有一二百户的,苍蝇比人多的小城。但是无论城大也好,城小也好,见到城他总欢喜。他是乡下人,见到城——正和别的乡下人一样——他老有点害怕;可是城市仿佛是五彩斑斓的老虎,越可怕便越可爱。一到城里,他可以毫无计划的,不期然而然的找到有趣的事。他可以吃到各种馅子的饺子,可以听戏,看电影,洗澡,买牙膏。即使在最小的城里,除了油条与豆腐脑,没有别的开胃的东西,他至少也还可以享受油条与豆腐脑。

他没见过像文城这样的城!这里。连油条和豆腐脑都已经发了丧!

县立中学门口立着一个持枪的矮狗,石队长不必细看门外木牌上的字,已知道中学也发了丧。

十字街口——平日最热闹的地方——来往的人比较的多一些,可是正在街心立着一条矮狗,闪着一条白光——刺刀。这一条白光教行人的眼都极快的闭上,只留下一条小缝看着它。和白光同样的刺目,是十字街口的最冲要最体面的几家商店,都已改成日本铺子,里边摆列着颜色最鲜明而本质最坏的仇货,外边挂着有字又有像注音字母的牌匾。有一家正开动着留声机,放出单调的,凄凉的,哭比唱的成分还多的东洋歌曲。这里,颜色最多,最刺目,也最惨淡,刺刀的白光与各种色彩都同样的有一股冷气,好像一张大的鬼脸,越花俏越丑恶,越鲜明越教人心颤。

石队长,在这个无声的,黯淡而又有颜色的城里,不敢站住,也不敢坐下,甚至于不敢思想什么。这是个被毒气笼罩住的死城,连地上的石沙好像都是一些毒藜蒺。"真要命!"

在一个僻静的小死巷子里有个厕所,厕所的墙上还留着一条十个月前贴上的标语。经雨水打过,一条条的好像挂着泪痕;泪痕下几个也哭过好多次的字是"中国人,起来杀敌!"石队长咬紧了牙,但是泪还是落了下来。

在西大街,他看到举人公的宅子。朱漆大门关着一扇,开着一扇,门里外都没有人。王宅的对过,一排小铺子,都往外冒着极浓厚的鸦片烟味。一些像鬼的中年人老年人一会儿出来,一会儿进去;出来还在门外立着,似乎预备着再进去的样子。还有些年轻的鬼,有的不过十八九岁,也和年纪大的鬼们挤在一处,有说有笑。这是唯一的有说有笑的地方,仿佛像一种什么特殊的地带,准许人们随便谈笑。石队长看见一个穿着红小袄的女鬼,发着最尖锐的笑声,带着一片雾气跑出来,打了一个青年一掌,而后又带着最尖锐的笑声跑进去。看看这一排小店,看看举人公的朱漆大门,石队长点了点头。他决定在这里休息一会儿,因为他看出来这是安全地带。假若,他心中盘算,有什么不对头的事,他应当往小店里走——鸦片,在这里,是最保险的东西!

九

假若石队长看见了一座死城,那座城在唐连长眼中都是最活跃的。

河岸上的柳树几乎全被敌人的炮火打光。我们的军队没有动静。敌人到了河边,我们还没有动静。敌人渡河了,我们的机关枪吐出火的舌头,把敌人与河水一齐打红。

"我们又胜了!又胜了!"文城的老幼男女不顾得喝茶吃饭,狂跑着,传播这好消息。

夜里,大家蒸起馒头,熬好了稀饭。夜里,抬着馒头稀饭,他们直奔那有火光的地方跑去,把馒头塞在弟兄们的手里。

夜里,壮汉们拿着椅子,门板,板凳,到河边去抬受伤的弟兄。

夜里,老太婆,大姑娘,连梦莲小姐,都抱着油灯,给弟兄们缝袜子与洒鞋。

夜里,十一二岁的男孩子们,听着远远的,连珠响的枪声,都不肯去睡,也拿起短棍,偷偷的跑到城门里,和壮丁们一块儿挺着胸立着。

夜里,风是那么凉,枪炮的声音是那么急,可是大家的心里感到兴奋,兴奋生产了温暖和力量。他们的眼神似乎都在表示:没什么!我们一定会把敌人全数打跑!

一部分的敌人已经渡过了河,城东的几个小村已被敌人的炮火打光。可是,我们又打了个胜仗。

"我们又胜了!"大家争着传说。

这次的胜利,几乎不能使人相信:我们只有半排人和一架机关枪,在几棵小松树后面藏着。把敌人的路上侦探让过去,再把尖兵让过去,直到大队过来一半,我们的那一架机关枪和所有的手榴弹才冷不防的发了狂。我们的人和枪都碎在了那里,可是给他们"殉葬"的是一百九十四个敌兵!

苦战了五天,河岸上的一营人,只剩下两排了。

敌人本想用很小的兵力拿下文城,我们的一营人用敢死的精神惩罚了这个狂傲的错误。敌人增援;我们的援军,可是没有来到。敌人有炮,我们只有轻武器与足用的弹药。敌炮施威,我们的人散开,各自为战。敌人的炮火失去了应有的效力,而我们的枪弹像一种有知觉的东西,到处去找敌人的头颅与胸口。敌人改变了进攻的计划。把士兵们分成好几路,分头渡河。我们分散开了的士兵,没有集中与同时歼灭各股强渡的敌兵的可能与力量。所以,一部分敌兵已过了河。

唐连长一见敌兵过了河,就知道我们已无望及时的得到援军。他把埋伏在城郊附近的人全拿上去截击渡过河来的敌兵。在城郊与河岸之间,他支持了三天,敌人到了东关。

唐连长已整整两天两夜没有合眼,几乎可以立着便睡去,可是他的脸上还不断的笑着。笑着,他指挥;笑着,他射击;笑着,他前进或后退。前进,他在最前,后退,他在最后。看见他的笑脸,弟兄就好像看见一股温泉似的,心中立刻感到温暖,而把一切危险置之度外。我军与敌兵的装备几乎相差了半个世纪。我军与敌兵的数量相差不止好几倍。多么艰苦的任务啊！可是唐连长的笑脸教弟兄们忘了一切，而只顾向敌人射击。

一手一支枪，唐连长在战斗最紧张的时候，还匀出手来从腰间抽出一根大葱，咬一大口。咬一口葱，眼中流出点泪来，他感到一点舒服，身上轻松了好多。

退到东关，他教弟兄们到西关去守车站，他自己进城去看看县长。大家都已疲倦得抬不起脚来。他把没咬完的三根大葱扔给了他们："咬口葱，跑步！"他的大葱的效力不亚于仙丹，立刻把大家的精神提起，一气跑到西关。

唐连长在东大街遇到县长。县长的眼睛至少和连长的一样红，而脸上的神色比连长的更疲倦。县长是个四十多岁的矮胖子，很忠诚，很慈善，只是不大懂现代的军事。

"怎样？连长！"县长紧紧的握着连长的手。

"敌人已到东关！"唐连长用笑容冲淡了语气的紧张。

"是吗？"县长把汗手抽了出去，楞了一下，转身就走。

"往哪里去？县长！"唐连长向前赶了一步。

县长脸上的神气是忠厚人偶尔想露一露聪明，不敢自傲，而又不能不自傲的那一种。"他们已经预备好了滚木礌石！"

"谁？"唐连长没法抑制住自己的惊异。

"壮丁们！他们还预备了石灰罐子，等着把敌人的眼睛都迷瞎！"说罢，县长又要走。

唐连长把县长一把拉住："县长！你该走！带着壮丁们走！你的石灰罐子一点用处也没有！"

"走？"县长仿佛永远没有想到过这个字，不住的眨眼。

"走！快走！敌人不会马上进城，"连长极负责的说："他们必定先把城外的防御都扫清了，才敢进城。快走，还来得及！"

"放弃了城池？"

"壮丁们没有武器，没受过训练，不能作战！即使有武器，也不该死守城里，敌人会用大炮轰击！"

县长立在那里，眼睛看着自己的手，好像向来没有看见过似的。唐连长猜不透这个忠厚的人在思索什么，他只好接着说：

"援军一时绝不会来到，敌人的兵力又比我们大的多，我们没法子守住城！走！快走！别白白牺牲了我们的没受过训练的壮丁！"

显然的，县长并没想起什么好主意来，他只问了声："你呢？"

"我去守车站！我们守不住城，可是在敌人进城以前，我们能教他们多死几个，就算尽了职！走！县长！在路上，你若是遇见我们的师长或旅长，给我说一声，唐立华已死在了文城！"唐连长双手拉着县长，呆立了一会儿。连长低着点头，县长仰着点头，四只眼对看着，眼神说出来："我们将是永远可以共生共死共患难的朋友，假若这次死不了的话！"

"再会吧！"唐连长似乎还有许多许多话要说，可是只这么低声的向县长告别。放开手，像老虎看见一个什么肥美的小动物似的，飞跑而去。

县长赶上去两步，想说什么，他还没有找到适当的话，唐连长已经不见了。

车站外的洋槐树林中,坐着二十二个人。他们都抱着枪,垂着头,昏昏的睡去。唐连长不忍惊醒他们,可是又不能不马上发命令;他愣了一会儿。但是,他们在昏昏忽忽之中,仿佛感到了唐连长的来到。没有什么声响与麻烦,他们都睁开了眼,立起来。向左右稍微一看,他们立刻排得相当的齐整。

"坐下!"唐连长低声的说。等大家又都坐下,他细细的看了一看:连副不见了,排长只剩了两位,勤务兵和火伕敢情也都拿上了枪!连勤务兵和火伕都算在内,才一共二十二个人!他舐了舐上嘴唇,回头向林外望了望,仿佛希望那些与他共患难的朋友还会从林外走来,虽然他明知道那些熟习的面貌与语声是永远,永远,见不到,听不着了!转过头来,他垂视着地上,好像不敢再看面前的人,因为看到一位排长,就不由的想起另一位排长;看到勤务兵,就想起连副来。连副的小胡子与一闪一闪的白牙,张排长的斜眼,李万秋同志的六指,和……都在他的心中活着,都好似他自己身上的东西。可是,他们都上哪里去了呢?不能再想!再想一想,他就会马上大哭起来。不是为怕死而哭,而是为给共患难的朋友献出心中的热泪。说真的,他们由死亡而得到光荣是映射在他自己,与现在还坐在他面前的每一个人身上。他,与坐在他面前的二十二个,会在阵亡了的朋友的光荣中找到他们自己的光荣。他应当大笑,不该落泪,可是,他笑不出来!他的眼中并没有泪,可是他用手去揉了揉。他应当赶快向大家说几句话,否则他也许真的大哭起来。话还没想好,他已叫出"同志们!"

"同志们!"他重了一句,而仍找不到话讲,楞了一会儿，慢慢的蹲下去。这一蹲，他身上的筋肉似乎弛懈了一些，他想起话来。一挺身，他又立起来。惯于在他脸上来往的笑容，又来到他的嘴角与鼻凹间。

"同志们！连火伕算上，咱们只剩了二十多个人！我们已和师部失了联络，援军恐怕一时不会来到。车站上，纱厂里，还有许多粮食，东西。我们不能给敌人留着。马上就去焚毁！我没法子请示上方，但是我觉得——凭着我的良心——应当这么作！王排长，你带八个弟兄破坏车站！孙排长，你同八个弟兄破坏纱厂！我和其余的人死守这里；这里便是连部！也许，敌人马上就来到，我们抵抗！凭着我一个军人的良心，我的命令只有一个字，死！"

说完这段话，他的因困倦而发红的眼，发出些光，像两片流动的明霞。他的笑意由嘴角鼻凹扩达到眉梢。亲切的，慈善而又严肃的，他看着像亲手足似的二十二个战士。

二十二个战士没有任何动作与表示，只是脸上显出一种轻快与得意的神气。假若唐连长的脸是太阳，他们的脸就好似接受到阳光的花。

"王排长，孙排长！马上出发！"唐连长和两位排长握了手。

不出唐连长所料，敌人不敢进城，而先在四面的关郊细心的搜索。在南关北关，他们没有遇到枪弹与手榴弹，只搜出不少手无寸铁的壮丁；随便的选择了一下，有的留下作苦力，有的死在刺刀下。

将近黄昏的时候，文城城内静寂得像一座古坟。小儿抱着母亲的膝，老人藏在屋中最黑暗的地方。年轻的妇女把脸涂黑，穿上最破的衣衫，像看到猫的老鼠，向门外，厕所，和最不舒服的地方乱躲乱藏。没人顾得做饭，泡茶，或点灯，而只想象着由门板刺进来的刺刀的可怕！他们知道敌兵已到了城外，逃走是来不及了。他们知道我们的守军，那给他们打了好几个胜仗的守军，已经都躺在了城外的黄土上。他们知道，县长已把学生和壮丁带走，城里已没有一个可以拿木棍或花枪和敌兵拚命的人！怎么办？怎么办？谁也没有一点主意！他们已经没有心思去想明天，因为死亡就在眼前；他们知道自己是拴在屠场的猪羊，刀已经离他们的脖子不远！刀，或者还是最好的东西；怕只怕，敌人还有比刀更厉害的刑具，最爱体面的姑娘本能的感到她们的刑罚必定不是刀，而是绝对不能忍受的污辱。她们有的上了吊，有的把剪刀揣在怀里。最亲爱的父母，在这时候，不能给她们半点安慰与主张，而只呆呆的看着她们采取最聪明或最愚笨的办法。聪明与愚笨，在这时节，已失去界限；因为快要进城来的敌人是人兽未分的动物！悲泣，自杀，黑暗，恐怖，教文城城里静寂得像一座古坟。实在没有主意了，他们反倒盼望敌人快些进城，杀剐存留，给个干脆！

正在这个时候，西门外起了火。城内没有一个灯亮，城外起了好几个火头；城是黑的，天是亮的；人们开始由黑暗的角落里出来，在门外呆呆的望着火光。火光永远有一种悲壮的吸引人的力量，不管是在什么时候。火光给大家一点刺戟，大家都想狂喊几声，把心中的黑暗吐出来，而使自己与火一样的光亮。可是，大家并没敢喊叫。看看那把半个天烧红的火光，他们反倒觉得分外寒冷，不住的打噤。这悲壮而有吸引人的力量的红光也给人以渺茫之感：没人能抓到那光，或挨近那火；火与光中宣示着毁灭死亡！

"烧啊！烧啊！"忽然一位老人狂喊起来："烧了房，烧了城，不给日本鬼子留下呀！烧啊！烧——"

这个呼声几乎没得到任何响应。它没使大家兴奋，也没使大家恐惧。当最大的危险来到眼前，人们反倒在表面上露出把生死置之度外的样子。随着这呼声，大家低声的彼此说了点什么；此外，别无动作。

那老人——城中最正直刚强的教过私塾的先生——还在喊，而且把一玻璃瓶洋油倒在土炕的草褥子上，预备放火。

这时候，城外的火光忽然暗了一些，漆黑的烟柱，像受了什么不可忍的刺戟与压迫，疯狂的往上冒，似乎要把星天变成黑幕。烟钻得极高，下面的火舌变成无光的血红，从黑烟里吐出来，又吞进去。烟在高处散开，火光又明亮起来，把天都照亮。这时候，城内老人的草褥已经燃起，老人仰卧在火光里。不久，黑烟与火舌从门窗内吐出，比城外的小，而热气直扑到人们的脸上。大家开始喊叫，开始奔跑，争着来救火。这时候，城外有了枪声。

"唐连长还打呢！还打呢！"大家的心又欣悦的跳动起来，几乎和前几天打胜仗的时候一样。

城外，有铁路路工的帮忙，士兵们把所有应该破坏的东西都付之一炬。火起来，他们散开，各自为战。敌兵到了，首先尝到槐林中射出的子弹。

敌人一方面包围槐林，一方面到所有能藏人的地方去搜索。不管是树林，还是独木，不管是一道浅沟，还是一堆垃圾；不管是一段矮墙，还是铁道旁边的小木阁子，都使他们迟疑，害怕，只在一阵两阵三阵猛烈的射击之后，他们才敢前进。他们不知道我们有多少人，而只感到这里的树、沟、土堆、墙、和一切东西，都有眼睛，都有子弹，都会要他们的命。火光把整个的车站，照得如同白昼，但是火光越明，他们越怕；他们只能像蛇似的爬伏在地，看到一个黑影或黑点，便把头贴在地上，火忽然明了，又忽然暗了；火忽然移向东边，西边暗起来；又忽然移向西边，东边暗起来；在这一明一暗，忽东忽西之中，他们惶惑、恐惧，只管放枪壮自己的胆子，而不管子弹向哪里打，和打什么。

从一株树后跑到另一株树后，唐连长和他的六个弟兄变动着地位，向四面八方射击。唐连长的汗把袜子都淹湿。天气还相当的冷，他的身上可是只脱剩下了一件汗衫。他的心中，现在完全是空的，假若还有什么感觉的话，他只是想喝水；他的口中冒着火。在敌人的枪声稍静一点的当儿，他倚着树吐了口气；更想喝水。从树旁来了一只手，轻轻的放在他的腿上。他以为是那个也拿着枪加入作战的勤务兵呢。不是，地上卧着的人，不是兵，而是个铁路工人。

"给你！唐连长！"工人声音很小，而很清晰的说："三个馒头，一瓶水！"

唐连长顺手把馒头接过来，马上扔在地上，再伸手，他摸到那玻璃瓶的脖子，很凉，很滑；他的心里也立刻感到清凉滑润。水有点煤油味，可是他一气把它喝光。"哈！"他吐了口气。这时候，他才觉得工人的可感与冒险。没顾得道谢，他教工人快走。

工人递给他一支香烟。

唐连长摇了摇头。"快走！谢谢你！"

敌人的枪弹又像雨点似的打进来。唐连长不晓得工人是怎么走开的，他又开始从树后向外射击。这时候，他感觉到身后有人在地上爬行。他以为还是那个工人，所以连头也没回。可是，身后有了声音："报告连长，我，我，完了！"唐连长急转身，借着闪动的火光，看清：长长的，像一条不大有形状的口袋，伏在地上，一动也不动。他的勤务兵！

"老刘！老刘！"他一腿跪着，扳起老刘的头。老刘的眼还微睁着，可是全身都已不动。他手上摸到血。他轻轻放下老刘的头．想找一块布或一件衣服盖上老刘的脸。这时候，他的左半边身子已失去掩护。左肩上忽然一麻，他喊了声"不好！"急要转身，左臂上又中了一枪！他知道敌人已发现了他。他想立起来，可是左半边身子已经不听他的调动。用了最大的力量，他把自己挪动了一尺多远。他的左肩靠住了树干。他要镇静的思索一会儿，可是心中极乱。一种无可形容的迷乱，随着左臂的由麻木而疼痛，渐次主有了他的心。他决定不去思索。咬着牙，右手抓住树干，他立了起来。立不稳。他的右臂搂住了树干。像醉汉似的，他抱着树干绕了一个圈。他的背上又中了一枪。脸擦着不光滑的树皮，他跌落下来。

臂上燃烧，腿上燃烧，心中也在燃烧。林外是火光，眼前是火星，心中也变成一团火，火催着他狂喊："王排长！冲锋！孙排长！冲锋！"他不知道是自己还是别人正在这么喊叫，而只觉得有人喊冲锋。他立了起来，喊了声"杀！"

随着这声"杀"，一切是静寂。火渐渐熄灭，枪声渐渐停止，唐连长的血，已渐渐流净。到天亮的时候，文城变成了死城。

十

在文城的战事中,老郑——梦莲姑娘的松叔叔——的生活差不多是个噩梦。自从松林内来了军队,他的平静就受了很大的扰乱。他不知道把"棺材本儿"放在哪里才好,而带在身上是最不放心的事。他也不放心他的铁筋洋灰的儿子——这小伙子是那么楞头楞脑,说不定哪一刻就会闯出祸来。媳妇,更难办!她比棺材本儿还难找到妥当的地方藏起来。假若不幸,她……老头子简直不敢往下想!媳妇年轻,年轻人的胆气往往使自己把该留神的地方故意的忽略过去。老郑再三的嘱咐她隐藏着一点,可是她还照常的出来进去。她不反抗公公的命令,但是由她的眼神可以看出来她是要说:"我要不出屋门,怎能把柴拿进来,把脏水倒出去?"老郑不想拌嘴,而只终日提着心,手心上老出着讨厌的冷汗。

为了儿子儿媳的安全,他嘱咐他们要处处小心,而他自己倒去冒险。作父亲的爱心每每有不合逻辑的地方。别等军人们来找他,他想,他须先去找他们,于是,他背着粪箕,或拿着斧头,心里不安,而脸上若无其事的,专往有军人的地方去徘徊。

溜了几趟,军营中的人好像全都认识他了。出他意料之外,军人是那么客气和蔼,简直像学堂里教书的先生。他们给他说了许多他不大了解的事,许多不知道是在哪里的地方,并且告诉他,他们是哪里人,和家中的情形。在从前,他总以为军人都是没家没业的坏家伙,穿着虎皮到处欺侮好人。现在,噢,他开始明白过来:为什么丁一山肯去从军。想起丁一山,也便想起梦莲姑娘来,没有什么别的足以傲人的话,他把梦莲姑娘的一切都告诉他们,把一切他所能想象到的美丽的形容词都加在她身上。她就好比——擦了三四次迎风流泪的老眼,他才想起来——刚下过雨后的嫩青椒!

他不怕军人了。反之,他倒去给他们砍柴,挑水。他们给他钱,他对天起了誓,(脖子都憋得通红)他若伸手接钱,明年就教蝗虫把他的庄稼都吃光!当他没有工夫的时候,他就教铁筋洋灰去代替。可是,他已经先跟军官说好:我只有这么一个"畜生",你们不能把他拉走!

他们也知道了他有儿媳妇,而把一大堆衣服送了来,求她给缝补。他们给钱,她私自收下。以作公公的身分与尊严,他向来不敢在她面前说一句带脏字的话。等到他发现了她接受了缝补衣服的报酬,他几乎忘了一切规矩礼貌,而指着媳妇的脸骂了一顿:"下贱!下贱!他们是干什么的?是为大中国打仗的呀!(自从他剪了辫子那天起,不知由哪里学来的,他把大清国改成了大中国。)没有这几个钱,你就会饿死吗?要给大中国打仗的人们的钱,你偷坟掘墓去好不好!下贱!不要脸!"把钱要过来,他亲自送了回去。

但是,这是他最快活的几天。他本来准备好去接受损失,污辱,与痛苦。万没想到,他所得到的是友谊与工作。他觉得世界的确是变了。怎么变的?为什么变?谁出主意变的?他都想不出来。他只感到一种未曾经验过的乐趣。他很想把这点乐趣与变化说给梦莲姑娘去。她,他想,必定能告诉他这种变化的所由来,而且欣赏他的工作——那似乎应当称作"为国家出力"的工作。

在他挑水或砍柴的时候,他老想念着梦莲。当他立着或坐着休息一会儿,他必面朝城墙。好像他会隔着城墙看到她似的。一会儿他想,假若她能看到他给军队服务,她该怎样的夸奖他;一会儿,他又想到,假若日本鬼子真个打进城来,她怎么办呢?他屡次想进城去看看她,可是又不肯耽搁了军队中托咐给他的工作。他只能一方面工作,一方面想念她,关切她,而出现于他心中的她的形影,老使他心中发出些甜美的滋味。

可是,这点快乐是短命的。有一天,天刚刚发亮,他就起来了,吃了一块昨晚剩下的贴饼子,喝了半瓢凉水,他到林中去,看看有什么工作。到了军队扎营的地方,他怀疑自己是否完全醒清楚了。拍了拍头,揉了揉眼,他知道自己的确是醒着呢,不是作梦。奇怪!军队不见了!地上打扫得非常的干净,连一两团马粪都看不到。

他坐在了那刚刚打扫过的地上,胃中的饼子与凉水几乎翻出来。他感到空虚,失望,与耻辱——他们什么时候走的?上哪里去?为什么不告诉咱老郑一声呢?他想不到军队的行动是绝对要守秘密的,他只主观的以为;"咱老郑对你们不错呀,为什么这样的不讲交情,一声不哼就全开走呢?"他的自尊心受到很大的创伤,他几乎后悔了曾经那样热心帮他们的忙!"咱老郑是穷人,巴结不上人家呀!"他一天没吃什么,而和儿子发了好几阵脾气。

不错,城里和河边上还有军队,可是那似乎不是"他"的军队。那一片松林是官产,可是他以为是自己的,连树上的松鼠和猫头鹰也都是他自己的。因此，住在松林中的军队也应该是他的，至少，"也该告诉我一声呀！怎么不辞而别呢？"

幸而唐连长常常由城里到河边去，不管是步行，还是骑着自行车，他总到老郑这里休息一会儿。起初，老郑对唐连长并不十分亲热，因为松林的军队刚刚不辞而别。唐连长，可是，没介意老郑的神色与态度。他很亲热的喝了老郑的两大碗开水。

唐连长第二次来，老郑给他泡了一大壶枣叶"茶"——茶的代用品，晒干的嫩枣树叶。

第三次，老郑拿出真正的茶叶来。他很喜欢这位黑塔似的军官。为确定唐连长的官级，他问："你老的官比守备大呢还是小呢？"

唐连长向来没比较过连长与守备的高低，他只能以大笑一阵作回答。

"飞机怎么就会飞呢？"近来老郑对军事感到很高的兴趣。

唐连长解释了半天，老郑心中不明白，而口中一劲说："啊！"

无论怎么说吧，老郑与唐连长成了好朋友。慢慢的，老郑把松林中军队不辞而别的事说出来，唐连长给他详细的解释了一番，并且告诉老郑，调走的朋友来了信，都问老郑好。

老郑感激得说不出话来。又独自到松林中转了一圈。从松林回来，好像诗人看到美景而得了灵感似的，想出一句话来。唐连长又来了，老郑赶紧把这句话说出："唐连长，你给他们写信的时候，也替老郑问他们好哟！"这里的"老郑"显出很高的身分与很深的关切。

可是军情又出了岔子，友谊仿佛必然的产生痛苦。唐连长要在松林外王举人的地土上挖壕沟！老郑深知举人公的脾气，他若是不去禀明，举人公会拿帖子把他（老郑）送到县里去的。在另一方面，唐连长说得十分明白；这是国家大事，是个人就应当帮忙啊！老郑十分为难，怎么也想不出两面圆的办法来。最后他偷偷的见到莲姑娘。

莲姑娘的细白食指指着一个雀斑也没有的小鼻子，说：请他们放心挖吧，我负责——

"不用禀明了举人公？"

莲姑娘轻轻一摇头。

老郑几乎是飞跑着去找唐连长，报告这个好消息。可是他，很郑重的"声明"："连长，我可不好意思帮着挖呀！你们挖，我给抬土吧！有朝一日举人公问下来的话，我好说；我并没动手挖呀！"

连长同意于这个足以使老郑良心上得到安慰的提议。

松林外的壕沟刚刚挖了几丈，河边上就打起仗来。老郑十分的兴奋。他并不喜打仗，因为打仗和种地是永远不相能的事。可是，他兴奋。他好像——在跟军人们有了些交情之后——看得千真万确，我们的军队一定会打胜仗。再说，这次是和日本人打仗，他几乎天生来的厌恶日本人。

在兴奋之中，他也关切着自己的茅屋，自己的儿子儿媳．并且极不放心梦莲姑娘。假若枪弹打在茅草上，而把房子烧了，可怎好呢！自己的儿子没有被我们的军队拉去，儿媳也没受到惊险。可是，日本兵能这样客气吗？不能，一定不能！梦莲姑娘，那么娇生惯养的，能受到这个炮火连天的惊恐吗？几天几夜，他几乎没有安睡过一个钟头。出来进去，他听着四面八方的枪响。看着屋顶上的茅草，嘴中自言自语的："早晚，早晚，这个洋火盒子是得烧个一干二净！"

有时候，他因关切与忧虑而忘了危险，迷迷忽忽的一直走到河边，枪弹屡次由他的头上或耳边擦过去，他只立住往四下看一看，好像是找枪弹到底落在哪里似的。在这种时候，他若遇上抬伤兵，或输送军火的，他必过去帮一把手。但是，他却不加入他们的组织，因为他须看着他的儿子与草房。这个使他感到一点惭愧。于是，在半夜枪声最紧的时候，他会烧两桶开水，挑到前线去，好教心中安定。

他只进城看了莲姑娘一次。在城门上与街上；他看见了壮丁们耀武扬威拿着刀枪剑戟巡逻或站岗。他们几乎都认识。在往日，他们对他都相当的敬重，因为他们在清明或十月一去扫墓，或出东门有事的时候，都免不了到他的茅屋喝碗开水歇歇腿。现在，他们改变了态度。他们居然高声的问他："铁柱子呢？他为什么不来守城？"

老郑的尊严降落到零度。见了莲姑娘，他几乎说不出话来；只喝了一口她特为给他泡的好茶，就告辞回家，一路都没敢抬头。但是，他下了决心，无论大家怎么议论他，辱骂他，他万不能放手儿子！他只有这么一个"畜生"！他勒紧了腰带。挺起那有时候发僵的腰背，自己叨叨："他们要是找上门来的话，我老头子自己去！别的不会，花枪还能刺几下子！不能教郑家绝了根！"

枪声越来越近了。他不晓得那几间茅屋和几个草垛是怎么会还不曾燃着，发起火来。说真的，他差不多已经忘了草房与草垛的危险,而怀疑到一家三口的性命是否能保得住!他切盼举人公能给他送个信来,指示一些办法。可是举人公像完全忘了他的样子,一点消息也没有!连莲姑娘也不派人给他捎句话儿来!

西门外起了火,松林里已经安睡了的禽鸟都惊惶的啼叫起来。老郑在茅屋外呆呆的立着,口中像嚼着一颗永远不碎的米粒,连腮部和太阳穴都轻轻的动。"文城完了!完了!"他掩面哭了起来。

十一

自从文城失陷,梦莲不但没出过街门,连屋门几乎也没出来过。她没有脸见人。对文城的人们,她曾夸过口——她的父亲是不会作出对不起人的事,可是,举人公居然接受了敌人的命令作了维持会会长。最使她难堪的,是举人公对她声明:为了房子,地产,衣食,我没有别的办法!还有,为了你梦莲——我不能不投降!

她想逃走,可是门上,院中老有监视着举人公的人——他们也随手儿监视着她。她想自杀,可是她又舍不得这个世界。世界是给青年人预备着的。她还想留着这条正在青春的生命,去设法洗刷父亲所给她的耻辱。况且她还有个丁一山。几时她能见到丁一山,她以为,她就会把生命和生活的火力扇旺,与他携手创造出一点什么光荣的事业来。她须耐心的等着他!

她把自己禁闭起来。每逢举人来看她,她便将门倒锁,一声也不出,等到举人公叹着走开,她才痛快的哭一场。

梦莲的身量不高,而全身没有一处长得不匀称。在她淘气的时候,她像个"娃娃"。当她生了气,或要作些正经事的时候,她很像个发育完全了的小妇人,使人敬畏。小长脸,眉目很清秀,她不能算个美人,但是她可爱。她的脸时时和她自己开玩笑。一会儿,她的小脸板起来,嘴角往下垂着一点，眉头微皱；她是准备着发脾气。一会儿，她的满脸上都是小肉坑儿，很小，很浅，很活动；她是要发笑或唱个声音很小只有她自己知道含着什么意思的歌儿。她的脾气永远没有一定，一天不定变多少回；十分的显示出她是个娇生惯养的女孩子。可是，不管她是怎么善变，在她的心的深处生了根的却是慈善，正直，与正义。最使人畏惧的是她的那黑而厚的头发。当她发怒的时候，那些头发好像忽然拥到脑门上来，像鸷鸟立起的冠缨那样。

在她十七八岁的时候，丁一山已经是她的好朋友。丁一山很听话，她要作什么，一山永远不反对。这时候，他不过是她的伴侣——能够在一处玩耍的伴侣。她好玩，她好出主意，而且是一会儿一个主意。所以她的伴侣必定是个随着她的主意转动的陀螺，而丁一山恰好是这样的青年，就是这样，她还有时候连自己也不准知道为什么就发了脾气，使一山无从捉摸。于是他也就生了气。这种无端的小冲突，使二人能有三四天，或者甚至于一个礼拜不见面。二人都彼此怨恨，都决定永不相见。可是怨恨渐渐的被那些没法完全忘记的甜美的往事所冲淡，于是渐渐的彼此思慕，直到心中像有个虫子咬着似的那样难过。最后，两个人，不知怎样的，又见了面；比往常更加亲热。这样，在玩耍之中，二人的年龄加长，也就慢慢的在玩耍之中添入了爱的成份。

爱的主要滋味是苦的。丁一山不晓得她什么时候需要爱，什么时候想玩耍。她自己也不知道。有时候，她很热烈，颇像要把生命立刻托付给他的样子。有时候她又很冷淡，皱着眉头，很像对自己，对世界，都已厌倦，而想去作尼姑似的；丁一山感到惶惑不安，而不敢问她这种变化是什么意思。等到她最高兴的时候，他大着胆，试着步，去探问。她满面的小肉坑都发着天真的笑意，告诉他："没有什么意思！"

她颇有些聪明，假若她专心学绘画，或音乐，或数学，她必能有相当的成就。可是，她是娇生惯养的女孩子，她爱学什么与不爱学什么，都决定于一时的高兴。她绝定不能学看护，因为她若一高兴，也许一天给病人十次药吃；而不高兴呢，就许三天不管事。她不懂得服从，不受拘束。可是，在这种独立的精神中，她又需要爱——一种应当被解释作母爱友爱恋爱的混合物的爱。这种爱很难大量的生产，相机供应；而一山就时常感到无可形容的痛苦。

梦莲不喜欢林黛玉——太落伍了！可是，她并不反对茶花女。有时候，她极冷淡，而责备一山缺乏热情，她的意思："我是茶花女，而你，可惜不是阿蒙！"好，他赶紧去学阿蒙；可是她又与别人表示好感，而把阿蒙放在冰窖中。每一个生人，对她．都有一种诱惑力。她不爱金钱，看不起势力，但是，她喜欢时时有新的刺戟。对于一个初次见面的人，她能为让教他感到她是一见倾心，而同时把老朋友几乎忘得一干二净。及至那点新鲜劲儿过去了，她随手的把新朋友扔在垃圾箱里去。因此她有许多朋友，而哪一个是她真正的朋友却很难说。她好像拴在河岸柳树上的一只小艇，老有活水激荡她，但是谁也不能把她冲了走。一山没法不忌妒，没法不质问她，她并不回答。直到问急了，她才说："这是茶花女的办法！"

"茶花女并没有这种办法！"他含着怒说。

她不再反驳，而只轻蔑的一笑。

在她的许多的朋友中，居然也有刘二狗！一山用了最大的容忍，去讨好于她。但是无论如何他不能容忍刘二狗。

刘二狗是文城最富的一家——按照老郑的说法——"畜生"。他是文城唯一的永远穿着洋服的人。高个子，小眼睛，眼睛老看着自己的皮鞋尖。他的动作，表情，都很像一条大泥鳅——永远慢慢的往泥里钻，仿佛非钻到泥底下去不能甘心。就是坐着的时候，他的身子也像蛆虫或泥鳅那样一刻不停的动；两个小眼偷偷的向左看一下，又向右看一下，很像要偷点东西似的。他的身子蛆式活动，使人看着恶心，总想一下子把他打死才痛快。他的不住的往两边溜的小眼，教人感到不安，像遇见一个惯贼那样。

可是，梦莲也招待他——刘二狗！他有时候在她屋中坐一整天，而且随便的翻动她的东西。一山，凭着过去的经验，不敢干涉她。但是，他又不能与二狗一同坐在那里而不发生冲突。他只好躲开。这不知怎的，惹恼了梦莲。第二天，一山又来看她的时候（二狗早已坐在那里），她一声没哼！轻蔑的一笑，走了出去！

一山心里的火把眼睛都烧红！他不能再忍！他到处去找，找不到她。到第四天上，他才见到她，他第一句话就是"你怎么啦？"

她毫无表情的回答："没什么！"

对男人，无论是朋友还是爱人，她都没有表示一般的女人所共有的母性的爱，像问问冷暖或饥饱什么的；她自己需要个母亲，她十岁的时候就失掉了母亲。她对谁都像一个男人对一个男人。可是，她又不是个男人，她到底需要爱。在恋爱之中，她不会疯狂的爱一个人，而把别人挡开。同时，她也不会用一点小的手段,使大家都相安无事。她纯洁,纯洁得像个没有性的人。可是,这种纯洁教一切朋友都找不到"座位",而彼此乱挤乱闹。她没办法,也不愿去想办法,有时候她只好以一走了之;把自己藏起去,教他们乱闹他们的。

因为她纯洁,所以她很勇敢,不拘小节。因为她纯洁,所以她很柔弱,大事不敢随便冒险。她愿意表示出她是个男人,而事实上她是个女人,她表面上很随便,可是她并不浪漫。她有很大的胆量,又有个很软的心肠,而柔软的心肠使她的胆气减少了许多。她愿意对人亲热,无差别的亲热,于是这亲热——平摊在每个人身上——就等于冷淡。谁都得到一些,谁也就都没得到一些什么。她的好心完全白费了。

她的确爱一山。可是她不会用不费什么事的一个眼神或一句话,使他放心。她要对朋友一视同仁;假若一山不明白此理而感到痛苦,就活该!她常期的接到许多情书,而且很喜欢读念它们。在她回答那些情书的时候,她永远不鼓励任何人向她加紧进攻。可是,她回答他们的信,仿佛向他们暗示:"且莫绝望!"她不敢浪漫,她愿意在这些情书中找到一点生活的刺戟。那些富于感情的,夸大的谀赞,使她觉得出自己的重要,而且有点害怕。无危险的惧怕,是很好的一种兴奋剂!

许多人向她求过婚,而每一次求婚都使她感到真正的危险。她马上"收兵"!一山向她求过几次婚,她都不置可否。可是,她并没立刻疏远他。她的确爱他。

一山和二狗打了一架,打得相当的厉害。二狗的小眼旁边加了个青红相间的大包。一山的腮肿上掉了一块肉。二狗带着新添的肉包来向梦莲夸耀,扭着蛆式的身子报告战斗的经过:他很得意自己加了一个肉包,而一山失掉了一块肉。一山没有来看她。她,脸上由红而白,小手哆嗦着,告诉二狗,永远不要再来;而马上去看丁一山。她本能的同情于弱者。

见了面,一山并不提打架的事,而只说他要去从军。他没有提及二狗一个字,好像二狗根本不足道,不存在!这个态度完全征服了她。她答应与他定婚。

举人公不允许他们定婚。梦莲开始感到生活的趣味。不央告,不屈服,她准备宣战。假若不是这个刺激,她也许刚答应了一山,马上就再向他解除婚约。可是,举人公的抗议,使她决定了非如此不可。趣味由定婚移转到战斗上来。结果举人公撤销了抗议。紧跟着,一山来向她辞行。她不懂得如何安慰他鼓励他,而只从院中的枫树上折了一个红叶(正是秋天)给了他。

一山走后,梦莲感到一种甜美的空虚。定婚不定婚,似乎倒没多大关系。她确实的失去一个可以一同玩的伴儿,他离她很远了,可是她的手指上戴着他给的戒指,觉得她已属于他又不属于他。这很有意思!皱着眉头,她独自徘徊要承认自己是个被拴起来的小猫,又要承认自己还是个极自由的蜻蜓或蝴蝶。这,很有意思!

过了三天,她不愿再享受,或忍受这种虚空的有意思,而开始一天改十几个主意,设法创造一点乐趣。

直到抗日的战争发生,她才真的关切着一山。这并非对一山的生死有什么疑虑;不,她根本没想到过他是可以死的。她关切他,因为她很爱她的国家。她极盼望他打个胜仗，给全民族挣点体面。她开始带着她向来不爱用的真感情给他写信，鼓励他，安慰他；而且告诉他，她自己也愿到前线去服务；虽然她一点也不晓得前线是什么样子，和她自己有什么本事与用处。

十二

梦莲独自在屋里,像牢狱中的一点灯光,虽然是光明,外边的人却看不见。

刘二狗时常来看这个灯光,不为求取光明,而是想把那个美观的小灯台拿到自己的手中。

自从敌人有侵犯文城的消息,刘二狗便成为文城里最活动的人。金钱买不来天才。二狗,虽然家中很富,并没受过什么教育。他不是念书的材料。他的身量随着年龄加高,到十八九岁已经长得很高;可是,他的心与脑在十三岁的时候就停止了发展。他吃的很多,喝的很多,只是不能消化十三岁以上的心智所能消化的精神食粮。他的伟大的成就,是得过一张初中毕业的证书,而这张证书还是由人情与面子得来的。

别的同学升入了高中;二狗换上了洋服。在他心中,穿洋服与入高中是完全势均力敌的。他没有一点惭愧与不安。

金钱也买不来钦崇敬佩。虽然他是阔少,虽然他穿洋服,虽然他身量很高,可是在文城,他老是二狗!且不说那些倔强的老辈们,就是平日与他有些好感的人们,也还在可以教他听见的距离中叫他二狗。有时候,大家为找一点变化,还加上个形容字,把二狗变成二洋狗,因为他老穿洋服。

因此,他养成一种习惯:眼睛老看着自己的鞋尖。他心中经常的燃着一把毒火,他想报复——"有朝一日,你们得叫我二太爷!"他的眼不屑于看人,而只看着自己的鞋尖,一边走一边心中说:"你们都是小蚂蚁,我一脚踏死你们一大群!"地上的虫蚁倒了霉。在他没能消灭文城的人们之前,只要他看见地上有个虫子,就必定把它踩死。

他看中了梦莲。在文城,二狗的父亲与王举人应当是立在同等地位的两位代表人。可是,无论在什么场合,王举人老比刘老者高着一头。刘老者不大识字,而王老者是举人。县立中学举行毕业式,或县中任何的集会,两位老绅士都必出席。可是王举人不是作主席,就是特约的讲演员,而刘老者永远惭愧的,极不安的坐在讲演台上,不哼一声,而只管流汗!所以,二狗为了洗刷父子二人的耻辱,决定去娶梦莲。她本人就可爱,而她的父亲又是大家所钦敬的举人。娶了她,文城的人们就不敢再用白眼轻视刘家父子了。

他久想和梦莲亲近,可是老不敢大胆的向前迈步。说不清为什么,他有点怕她。庙中的菩萨都很好看,而二狗不敢去爱菩萨。对梦莲,他也有这样的感觉。

可是,他万没想到,梦莲会那么容易接近,他第一次的冒险,就不但没有碰了钉子,而且在她那里坐了整整两个钟头。他后悔没能更早些"伸腿"。假若早下手,他想,他也许已经作了举人公的女婿。他丝毫不认识梦莲。他以为只要她不踢他两脚,便是大功已成。

没有别的特长,他只能摹仿公鸡,把羽毛弄得非常的艳丽。他又作了两套新洋服,颜色顶漂亮,一身绿的,一身花道道的,使人一看就感到点头疼。他的领带,一天要换三遍，颜色与花纹不但使人头疼，而且浑身发冷。

梦莲姑娘永远不抹口红，不烫发，不擦胭脂，不穿鲜艳的衣服。因为她素丽，所以有时候倒愿看别人的身上穿着大红大绿，好像只有这样才使世界上的颜色平均分配，而不至于太偏枯。二狗的花公鸡式的衣服引逗出来她的笑声，二狗的得意是没法形容的。

但是，梦莲并不对他"特别"的亲热。有时候，他打扮得像颜料铺的幌子，而且头上刷了二两多凡士林，得意洋洋的来看她，她只用眼角撩他一下，连半句话都不对他说。她也许是正读着一本书，或者编织着毛线的小手套，她就继续着工作，好像他只是一块石头或一张凳子似的。二狗的身子扭来扭去，像个大蛆，越扭越不是味儿，手心上出了汗。他搭讪着说一两句话，梦莲的眼皮不抬，而他觉到她是瞪他呢。要喝茶，她便只给自己斟上半碗；要吃饭，她便走出去吃饭；他好像活该在那里渴着饿着。他动了气。

不敢怨恨梦莲，他以为她的冷淡都是丁一山从中作怪。他久想跟他干一架。

他和一山打了架。他满想以为这样一开打，就可以把自己的威力由一山而反射到梦莲的身上，教她也怕了他。她一害怕，他便可以把她揉在手中，像揉一个泥团似的。

哪知道，梦莲并不害怕，她的脸仰着一点儿，小鼻子尖指着天，一声不哼的向他挑战。

二狗慌得像一条无家可归的狗。他来看她，不见。他在大门外等着，一等就是几个钟头，盼望她出来，好给她磕头。可是她不出来。都到快绝望的时候了，她忽然的出来——和一山手拉着手！她打扮得特别的漂亮，向来不施胭脂粉的小脸上居然淡淡的抹了些"摩登黄",头上还束了一根豆青的绸带。她有说有笑,活泼得像一只冬天的小鸟,美得像一朵鲜花。她随便的视而不见的,看了二狗一眼。路旁有一条小胖花狗,她用鞋尖逗了逗,而绝对没有招呼刘二狗的意思。假若二狗稍微聪明一点,他就必定能看出来;梦莲会爱也会恨。或者,她的恨比爱还来得更方便一点。有胆子的,有正义感的,才会恨。她还多着一点故意的挑衅——娇生惯养的惯了,她不甘于忍受半点委屈。现在她对二狗的态度,完全像原始的女神故意对待地上的两条腿的小动物那样,稍有不敬她就会用雷电去惩罚。

她给了二狗一个雷——和一山定了婚。

二狗的牙咬得咯吱咯吱的响。他的心智发展到十三岁,就不再前进。假若十三岁的孩子还不能脱净原始的狡猾与残忍(像还以活剥小狗的皮为乐等等),二狗想用最毒辣的手段来报复,是极自然的。他想要一山的命!

可是一山去从军。二狗的刀落了空。于是,他那简单,而自以为聪明的心,又开始活动。他逢人必说:一山那小子是怕了咱,不敢再住在家里!你们等着瞧,什么时候他把脚放在文城,什么时候就没有了命!

连举人公带梦莲都听到了这种宣言。举人公的心中很不安,生怕女儿还没出嫁,就作了寡妇。为缓和这种可怕的计谋,他每次请客也必给二狗一张帖子。二狗的简单的心中得到一点安慰,并且很感激举人公。在感激之中,他还希望举人公能强迫梦莲和一山解除婚约。因此,他对举人公尽力的巴结;有什么新鲜果子与点心,他必亲自给举人公送来,举人公要是在街上溜跶,他必过去搀扶。举人公是非常爱小便宜的，一个糖豆和一两金子同样的能打动他的心。他知道二狗的愚笨无知，但是在消化了二狗的点心与鲜果之后，他从心里觉得二狗是个可爱的青年，至少比一山要好的多。礼物教他替二狗说了话："可惜，梦莲太不听话，偏要嫁给那个穷小子一山，说真的，二狗比一山要好的多！"

二狗听见这番夸奖，极快的下了结论，只要把一山弄死，梦莲还会变成二狗太太！

梦莲，可是，全不在乎。听到举人公与二狗的话，她只从嘴角露出点轻蔑的笑。在她最高兴的时候，她才在二狗来看举人公的时候，轻轻的学两声狗叫给他听。她纯洁，她敢开玩笑。

敌人进攻保定的时候，已经派人来到文城"招贤纳士"。他们的第一个收获是二狗。二狗不图钱，因为家里有钱。他只图得个地位，好教文城的人不敢再叫他二狗，而改称二太爷。敌人中的"支那通"的狡猾与毒辣恰好与二狗的差不多——同类而深度稍异。他们拿二狗当作了宝贝。假若也还有不尽满意之处的话，他们只觉得二狗的洋服不大顺眼，因为他们以为只要把穿洋服与中山服的华人杀尽，中国就不会再抗战了。他们嘱告二狗换装。二狗，在这一点上，可是很坚决。他不能脱去西服；一脱去，他就不存在了。洋服是他的羽毛，也是他的生命！

二狗的坚决，并没有得罪了他们。他们的眼睛，自从在三岛的时候，就看到了王举人。王举人是他们最理想的顺民。假若中国每一县都有个王举人的话，他们就可以兵不血刃而得天下。二狗是王举人的好朋友，他可以马上去捉到他。这总得算二狗立了一功，洋服的问题，大可以暂时搁在一旁。

二狗去看王举人。举人公的心思很简单:"我不求别的,只求保住我的房子,我的地,我的一切财产,和我的老命,能保住这些,教我干甚么我就干什么!"这几句话,说得那么简单,直爽诚实,连二狗都受了感动,而举人公自己也落了两点老泪。

这时候,梦莲很愿意买一支手枪。她不晓得手枪在她手里有什么用处,或能解决什么问题;她只盼望得到一支!

十 三

文城变成了死城。县中学改作了日本宪兵队的办公处与宿舍。昔日的青年的笑脸不再见了,现在出来进去的不是铁脸的宪兵,便是满脸泪痕的囚犯。昔日的青年的笑语与歌声,变成了鞭声与哭喊。十字街头的大买卖,都换上了日本字的牌匾,摆上日本货物,日本人不带一个钱的资本而来"合作",事实上就等于霸占。西关外的纱厂被唐连长给烧完,只剩下几堵高墙寂寞无聊的立在那里。

血是野蛮人最欢喜的颜色,流血是野蛮人的工作与消遣。但是,野蛮人还有他们的禁戒与拘束,他们杀人,也许不敢杀鸡,或别的神圣的动物。我们的敌人,哼,只以流血为享受,而毫无禁忌。自从敌人进了文城,文城的夜里已听不见鸡鸣。鸡,和猪牛鸭鹅,都被敌人杀光。像狡猾的狐狸似的,他们到处去搜索;看到一把鸡毛掸子,他们便想象到肥美的鸡肉。把鸡鸭杀光,他们用枪刺戳杀街上的野狗,不为吞吃,而只为看着野狗的苦痛,给他们自己一点愉快。

不过,拿野狗与人相较,恐怕杀人是更有趣的。假若杀一条狗比杀一只鸡有趣,那一定是因为鸡是必须杀了才好作菜吃,它的趣味是比较的更实际更老实一些,远不及纯出于游戏的,带有艺术欣赏性质的去杀一条狗——慢慢的流血,浑身的抽动,眼神里的苦与悲哀都更足以满足残忍狂暴的心情。

人的表情又比狗多着许多,而杀人的方法又不限于砍头或用枪弹穿过胸口。所以杀人更有趣味。剥皮、凌迟、用冷水沪背、用煤油灌鼻子、坐电椅、拶手指掀指甲……每一种死刑都有它特殊的技巧,与特殊的趣味。那受刑的人,因年龄,性别,性格的不同,又各有各的表情,喊法,央告或挺受……这种种表情与悲痛,又非任何别种动物所能供给的。所以,野蛮人,在杀人的时候,不但显露出他们的聪明,也在流血中得到最高的愉快与光荣。我们的敌人也是这样,不过比野蛮人的花样更多一些,因为他们曾经从中国与欧美借过去一点"文明"。

到现在为止,人类的文化中还不能把武器除外,也未能消灭战争。但是,在战争中杀人,比起杀非武装的,无辜的平民,未免又太机械太单调了。所以,我们的敌人喜欢杀平民,好证明他们在战场外边比在战场里面更英勇,更聪明,更光荣。

敌人在文城的第一次屠洗,是以鸡鸭牛羊为对象。文城的人们认识了什么叫作"鸡犬不留"。可是,他们在颤抖中还希望:敌人只杀鸡犬,而把他们的宝贵,只能生一次死一次的生命留下。

家禽家畜屠完,第二步便是抢劫。他们有系统的,最精细的,挨家按户的搜查奸细——而所收到的是时表,金银首饰,皮衣,和其他的细软。他们从炕上的衣箱搜到厕所中的破盆与便壶,从纸糊的顶棚到院中的垃圾堆。他们扯开青年妇女的小衣,解开老妇人的裹脚条,摸一摸小儿的衣袋。只要是可以拿走的,哪怕是一分钱或一个铜钮子,他们都拿走。那不能拿的，他们会用手，脚，枪柄去弄碎。

这个作完，文城的人民，除了几个汉奸，都变成无处去要饭的叫花子。但是，他们还忍受着，像遭过明伙路劫的人那样忍受着，并且准备着用劳力与工作慢慢的恢复他们的损失。

可怜的人们和虎狼住在一处，还希望保住自己的皮肉！

敌人把东西抢完，开始颁布许多命令：不得在街上便溺。夜晚须在门外点起太平灯。晚九点以后不得在街上逗留。和许多其他的与此相似的小事情。文城的人们没有把这些事情放在心里，因为他们以为这不过是敌人的小把戏，遵守与否都没多大关系，即使违犯了这些规矩，也反正不会有很大的罪过。

他们不认识敌人！十几个小孩子，从两三岁到十二三岁的，都因为在门外大便或小便，被敌人用刺刀穿过了胸口，而后教他们的父母去交罚款。罚款倒不多，而是要在他们的儿女还没把血流净的时候，恭顺的，含笑的，眼中没有泪痕的，去交纳。

同样的，因为忘点了太平灯，或在夜晚九点以后去请个医生或产婆，都使刺刀穿进他们的胸中。敌人的命令是命令，命令的后面是刺刀。这样刺刀的滋味无时无刻不在他们的想象中，整个的文城没有了笑声。看见或心中以为看见了敌人，他们的背上就马上冒出凉气，嘴唇发颤。他们点太平灯比给神佛烧香还准确。九点以后，他们决不出门，即使是家中死了人，也把哭声压抑到天明，免得教街坊四邻关心而想过来看一看。有谁半夜里得了急症，他们只能从院墙的上面低声的慰问，而不敢出去请医生。这样，他们希望能保住性命，等着中国军队的反攻。

他们不了解敌人！他们是想在老虎的嘴边上讨取性命。

敌人又颁布了命令：夜间不准关闭街门。从刘二狗的口中，文城的人们得到了解释：文城要成为路不拾遗，夜不闭户的乐园。可是，文城的人们，特别是妇女，感到了极度的不安。她们希望能以忍耐保全住性命；可是，忍无可忍的污辱就要来到她们的身上。虽然如此，她们可是不敢违抗，夜间只好开着街门，等着野兽们进来。同时，他们只能把妇女藏起去，藏在厕所里，床底下。夜间，他们听着喝醉了的敌人狂笑与高歌，他们的牙咬破了自己的嘴唇。一声尖锐的狂叫，他们知道野兽已经抓住邻居的少妇或十七八岁的姑娘。

什么都能忍受，这个污辱可没法吞下去。男人们开始埋伏在门后或墙角，以木棒和短刀迎接并消灭污辱。女人们，逃既逃不脱，藏也藏不严，恨自己为什么生为女人。女人，既不能保护自己，而且连累到父兄丈夫！她们悲泣，把泪流干，她们有的等死，有的用腰带或剪刀结束了性命。她们的死，更激动了男人的愤恨；木棍与短刀加在野兽的身上，而后杀死自己。

但是，野兽的命似乎比人命贵的多。一个野兽的死亡，要用十条八条的人命去抵偿。一家一家的连还在吃乳的小儿女，都为一个野兽殉了葬。在殉葬之前，不分男女，都受到最大的污辱，与最复杂的毒刑。男女的汗，血，呻吟，狂喊，诅咒，在生死之间的呓语，给野兽们一点满足，一点快乐。文城变作一个最黑暗的囚狱。

死，可是，到底有它的价值。在十几个野兽失踪之后不久，敌人撤销了夜不闭户的命令。

在悲痛惨苦之中，文城的人民得到一点安慰。他们每每对着木棍与切菜刀出神，心中想，只要他们肯抓起它们向野兽身上打去，砍去，他们连他们的妇女便还可以多呼吸几天。

他们又想错了。圈在笼子里的鸟儿没有翅膀，拴在木桩上的狗失去爪牙，被征服的人民活着等死。

敌人给了他们伪币。在城外，敌人还没能把刺刀戳在人们的心灵中，人们还带着感情的使用法币。还到时候把税租送到已不住在县城的县长那里去。城外不用伪币，而敌人把城内的货物拿去，把伪币摔在文城的人们脸上。拿出去的是千真万确的真东西，拿进来的是废纸，文城的人们遇到了"公平交易"！

文城有许多人是在城外有田产的。伪币没有用，他们想收了庄稼不卖，而留着自己吃。只要不饿死，他们暗中祷告，总会有那么一天他们能看到中国的军队来到，把所有的野兽都杀光。他们想起唐连长和他的舍命杀敌的弟兄；有朝一日，第二个唐连长必会来给他们报仇。他们在香炉边供上一个小木牌，不敢写上什么，而他们晓得是唐连长的灵牌。

可是，敌人要他们的粮食，敌人须吃米，敌人的马须吃麦子；只有玉米和高粱才是文城人的食粮，而玉米高粱也得先交给敌人，再从敌人手中买出来。而且，每个人只许买那么一点点，不够吃饱，也不至于马上饿死。文城的人们在耻辱，穷困，饥饿之中，开始看明白：他们的前途只是死亡！

这时候，他们才知道了"恨"。恨，在合适的地点与时期，是崇高的，因为它会使人从绝望中转回身来另找活路，使闭目受死改成杀出重围，使惧怕变为愤怒，使冰变成火！

因为有了恨,他们才有的不管结果如何而逃出城投军;有的不管是杀头还是凌迟,且先冷不防的把敌人的头割了下来;有的破出死命,夜里去烧满载军火的火车;有的给井里下了毒药。可惜,他们得不到炸药,假若能有够用的炸药,他们必能把铁道上的铁桥炸断,把敌兵的营房炸翻。

这样,他们的生计一天比一天困苦,可是他们的心里好像倒舒服了一点点,因为他们已经会恨,而且把恨用行动表现出来。他们知道敌人给他们的惩罚是极重极重的,但是连他们的小孩也晓得,只有牺牲才能获得希望。牺牲,既是牺牲,就不能算计得失;牺牲不是算盘珠子上的事。

敌人感觉到了文城表面上的静寂并不健全。静寂之中,却有冒着火的眼睛,与报仇的心。他们知道死寂是他们所希望的效果,可是现在又看出来,死寂也有危险,死寂曾一声不响的掐住他们的咽喉,使他们像埋在冰窖里那样的死去。

他们开始想教文城热闹,想教未被屠杀完的人民变成他们的朋友。他们开始创办"聚乐部",把妓女,鸦片烟与宝盒子摆在一处,教文城的人们来享受。这里,可以高声的笑,可以哼哼梆子腔与二黄,可以消遣到夜里十二点钟,吸烟的可以欢笑,因为他们已经一半是鬼。

敌人也开了恳亲会,教快饿死的人们去听讲演与留声机。每逢有敌人的官长来往,文城的人们必须拿起纸旗去到车站上欢迎或欢送。他们把关帝庙修理起来,旗杆与庙门都油刷得比血还红。他们说:他们是被关老爷引进文城来的,关老爷保佑文城的人民,也保佑他们。这样,敌人以为文城的人们必定会感激他们,而有说有笑的,甘心乐意的,作他们的顺民。

可是，文城人们的脸上似乎已不会笑。他们来开会，来欢迎或欢送，来拜神；无论他们是干什么，他们的眼睛永远蒙着一层似泪非泪，似油非油的光。他们仿佛没有注意到任何东西，而只低着头看着自己的心——心中是愤恨！

他们恨敌人，也更恨王举人，刘二狗，和其他的走狗们。

他们的金银细软，鸡鸭，妇女，货物，粮食，甚至于生命，都被敌人夺去，而刘二狗们的一切丝毫未受到损失。反之，刘二狗们的消息灵通，凡是敌人要办而未办的事，他们先给自己找到便宜。然后再帮助敌人去强迫施行。对文城的人们，他们或者比敌人还更厉害，因为他们随时为自己的便宜而给敌人献计；他们的主意比敌人的更狠更多。

可是，文城的人们不易把刀子刺进刘二狗们的胸口去，虽然他们久想这样作。刘二狗们永远跟在敌人的身后，像些最卑贱的狗。因此，他们日夜盼望我们的大军能忽然自天而降，给他们报仇。假若作不到这个，就是来一位英雄好汉，先把刘二狗暗杀了，他们也必烧高香谢天谢地！

十 四

文城的人们所希望于王举人的，是当敌人进城的时候，他会关起大门，在书房里上吊，或是一把火连人带房全烧净。至不济，他们想，他也会偷偷逃出城去，受点流离之苦。他是读书人．应当有点气节。在他们想，刘二狗给敌人作事，是在情理之中，因为他本来是一条狗。王举人不是刘二狗，他一定会在这"国乱显忠臣"的时节，证明他活着死去都无负于大家的钦崇爱戴。

可是，他附了逆。文城的人们恨他比恨刘二狗还厉害；他们不敢希望狗变成人，而绝对不去希望人变成狗。

事实上，举人公的心里并不十分舒服。他并不希望因给敌人作事，而得到更多的金钱与好处，他只希望能保住他原有的财产。圣贤们都有理想，而理想是无可避免的包括着牺牲。他不愿意牺牲他的家产，因为田地房屋不全是他自己挣来的，而大部分是前辈留下的，他以为，他须对得住祖先，对得住祖先不也是圣贤们所乐于主张的么？一个走离开大道的人，会立在小径上看看眼前的风物；明知走错，却以看到一点新的风景自慰；王举人须像这样，明知得罪了圣贤，可是还希望圣贤会原谅他。

他以为，敌人的请他出山，不过是"利用"他而已，他并不希望得到什么实权，他晓得自己已经衰老，精神体力，都已不够支持独当一面的"差事"。他不能不自傲——到底是举人公啊！假若没有这个功名，当这改朝换代的时候，他用什么来保护自己和自己的财产呢？假若他不是举人公，他还不是被敌人随便的杀了，像上街的野狗似的么？他的小黑眼珠发出含着笑的光来。同时，他以为，敌人只须利用他的名望，而不来打扰他，他就可以坐在屋中，温一温《东莱博议》，吸几袋黄烟，以遣余年，保全住性命，家族，财产，与《东莱博议》，于愿足矣。至多，至多，他想，也不过在端阳和中秋请两桌客，把日本的官长请来喝喝酒，也就算了。

万没料到，敌人是那么罗嗦，那么好事，那么认真，他们一天到晚来找他议事，使他绝对没有温读《东莱博议》的工夫。一切的规章，命令，公文，他都须签盖，若只是签名盖章也就还简单；不。他们还教他发表意见。他根本没意见。当他年富力强作官的时候，对上司他只有点头称是；对属下他只须端着水烟袋发个极简单的命令。他不会发表意见。连作文章的时候，他也没有意见，而只有抄袭——把前人说过的再说一遍。

即使他有意见，也无从发表，因为日本人已事先把一切都商量好，而他并不知道他们是怎样商量的。可是，他们教他发表意见。他说不出什么来，他们等着。最后，他点着小瘦脑袋，连说："好！好！"他们教他签字盖章，倒好像是他们所商议好的事，都是他最乐意作的，而结果如何，他应当负全责！他想敷衍，他们教他负责，他的带着深沟的干脑门上冒出一溜汗珠！

赶到他签过字盖过章的公文，或公文内应办的事情，发生了毛病，日本人会把公文摔在他的脸上，而命令他设法矫正错误。日本人，在喝他的酒，吃他的饭的时候是那么高兴，客气，他万没想到他们会翻脸不认人，把公文摔在他的脸上。双手按在膝盖上，低着头，他的泪一行行的往下流。

他后悔，但是无法摆脱。为田地房屋，他还得和日本人鬼混，不管受多大的污辱。他知道，假若他敢辞职，日本人就会马上没收他全部的财产，连裤子也不给他剩一条！

他想教刘二狗——他的秘书——多负一点责，但是刘二狗比他更没能力。所不同者，他知道，并且承认，自己没有能力，而刘二狗却一点也不晓得自己是饭桶。刘二狗只要穿着洋服在日本人屁股后头走，就精神百倍的以为自己满有作皇上的资格。二狗愚蠢无知，所以觉得自己聪明绝顶。最教举人公难过的是明知刘二狗的意见绝不高明，可还没法不向他咨询，因为举人公自己根本没有主意。刘二狗呢，只要举人公——或任何人——向他要主意，他马上就能有所决定。因此，举人公愿意教刘二狗多负一点责，而刘二狗也就毫不谦退的乱说乱作一气。及至把事作坏了，日本人可是向举人公大发雷霆。

举人公不能辞职，又不能把责任移交给刘二狗，只好怠工。"等着，我等着，他们免我的职好了！"他自言自语的说："他们免我的职，大概不好意思没收我的财产吧？"

可是，日本人一点没有免他的职的意思。日本人似乎专爱用庸碌无能的人！他好像身子已在井里，而还抓住井口的人；撒手，便落在井内，不撒手，手又筋疲力尽。他只好喊"救命！"

向谁喊？他的亲人只有梦莲，而梦莲已经多少日子没有叫过他一声爸爸!他后悔,为什么当初降敌的时候不和梦莲商议商议!为什么糊里糊涂把刘二狗当作了心腹人!

后悔,像放馊了的豆腐,虽还是那么一块东西,而毫无用处。他须作一点什么,好教她回心转意。即使她也没法子救他,父女抱着痛哭一场,至少也会教心里舒服一阵啊!

半夜里,他睡醒了一觉,不能再睡。这是后悔的最好时候。一切似乎都入了梦,只有他的已经衰弱了的心还在跳动。一会儿,他觉得心中很热,手心脚心都出了点汗;想掀开点被子,可是没有去动手。一会儿,他又觉得全身都冷噤噤的。想哼哼两声,可是没敢出声。蜷着干瘦的小身子,像被世界遗弃了的一堆骨头似的,他一动不动的抱着那颗装满了苦痛的心。

忽然,他坐起来。稀须子微动着对自己嘟囔:"走!问她去!她说逃走,逃走!她说烧房,烧房!只是不能再受这个折磨!"一边嘟囔,一边用他的干枯而有鸡眼的脚去摸拖鞋。脚心碰到凉凉的鞋底,他楞住了,随手抓了一件也许是被单,也许是大衫,披在身上,呆呆的在床沿上坐着,右手习惯的去撕弄那稀疏的须子。"不!不!不能跟她那么说;那太激烈!那么一说。假若她真要逃走呢?真要烧房呢?那还了得!"他立起来,两手握紧身上的那件东西,轻轻的往外走:"央告她!对!央告她!只要她肯跟我说几句话,以后再慢慢想万全之策!"

梦莲的屋中还有灯光。屏着气,王老头子立在窗外。她好像正在低声的读念一些什么,可是忽然停止住。他的心跳起来好高。她的小拖鞋,在地上蹭了两下——是走呢?还是急躁不安的在地上搓脚呢?他想问,而嘴像堵着一团什么。

他又急又愧。屋里的是他唯一的亲爱的女儿;他与她只隔着一道窗子,可是好像隔着一片大海。好容易,他找到了声音。极柔和,极低细的他叫出来:"莲!莲!"眼中不由的湿起来。"梦莲!开开门!"

屋里变成了空的,丝毫没有响动。

"开开门,梦莲!"

屋里还是空的。一手抓着衣服,一手扶在窗台上,他觉得屋里仿佛充满了像烟雾似的,带着毒素的怒气,把灯光遮得暗了许多。

"梦莲!难道还教我给你下跪吗?"他吸了吸鼻子。

屋里的灯光灭了。

十　五

王举人，像一切琐碎而不识大体的人一样，把心中所有的怒气与委屈全团在了一块儿，而把梦莲放在正中间，好像个果子的心核。他干不过日本人，但是可以逗一逗梦莲。无论她怎样倔强，怎样厉害，反正她是他的女儿。他自有办法惩治她！

在这以前，刘二狗已经透露过几次："一山那小子已经当了兵，早晚是要吃一两颗枪弹的；梦莲岂不守了女儿寡？假若一山那小子有胆量，敢回文城来呢，他和举人公都有逮捕他，交给日本人的责任；而一交给日本人，一山那小子的人头就必定被切下来。"意在言外，举人公应当及早给她另找个妥靠的人，而最妥靠的人当然是二狗自己。二狗甚至于表示出："你是个老胡涂虫。要不仗着我，你怎会巴结得上日本人呢？因此，慢说是明媒正娶，就是咱二狗硬要她作姨太太，你也应当赶快把她双手送过来！"

举人公原本看不起二狗，可是自从二人合作以来，他颇有点怕二狗这家伙——这家伙是那么没有修养，没有脑子，没有规矩，可是会跟在日本人屁股后头到处发威。一个读过书的，越到乱世越会镇定，他会以那不可移易的气节把自己系结在正义与光荣上；他会以不应付去应付一切。一个没有读过书的真的工人或农民，遇到变乱也会镇定，因为平日就以诚实勤苦维持生活，到大难临头也还会不慌不忙的去找正路儿走。王举人，可怜的王举人，既没有"真"读过古书，又没有真读过社会的活书，遇到变乱，他像卷在大风里的一个蝴蝶，哪怕是一堆牛粪呢，他也想赶紧落在上面，省得被风吹碎，他抓到二狗，甘心的把自己落在牛粪上。

梦莲得罪了他，他也想把她交给那堆牛粪。

他原本就不大喜欢丁一山，因为一山家贫。现在，一山，既然当了兵，是生是死都很难保。那么，老教梦莲在家中瞎闹，未免太危险。女儿是最会给父母丢脸的东西！至于说到二狗，他有出息也罢，没出息也罢，反正家中有钱，而且自身又勾结上了日本人，前途或许就未可限量。且不说辽远的前途吧，就拿目前说，王家与刘家联姻，二狗就必定死心塌地的帮忙老岳父，而老岳父就一定可以省些心，不至于常常受日本人的辱骂。他一定把梦莲引领到"正路"上来。

可是，他还是有些怕梦莲。他很想一手托着水烟袋，一手指着梦莲，小眼珠钉在她的脸上，堂堂正正的说，我的主意，我的命令，你嫁给刘二狗！愿意，也这样；不愿意，也得这样！我是你的爸爸，我应当给你主婚！

他这样的想过多少次。想过之后，他把水烟袋托在手中，预备去冲锋陷阵，可是，燃着火纸，吸了几口烟，他的勇气和烟灰一齐落在了地上。二狗催他从速执行。他鼓起勇气，托起水烟袋找了她去。走到她的门外，他觉得屋里好像有那么一股正气，他停住了脚步。屋里没有声音，而只有那么一股气。那股气像圣庙大殿里那样的严肃，像前些日子唐连长脸上的神色那样可畏。他没有胆子冲进去，那股气会教他窒息，会教他的皮肤烧焦。假装的在院中散步，低着头，绕了个小圈，他慢慢的退回来。他切盼在院中散步的时候，梦莲能含着泪跑出来，叫他一声爸爸，抱住他的腿，求他饶恕她。假若是那样，他可以马上原谅她。而父女坐在一处，心平气和的商议个最妥当的办法。可是，梦莲连大气也没出。她简直没有拿他当人待！

"就说汉奸不是人，我总还是你的爸爸哪！"举人公连连的对自己嘟囔，而且几乎把手拍在自己的腿上。

二狗又来催。他答以"你有本事，自己去办吧！你办好办坏，我总不会反对！"

自从敌人进了文城，二狗的一切都有显然的"进步"。他发了胖，因为天天喝一大海碗鸡汤。身量可是矮了一点，因为学日本人走路，把腿罗圈起来，所以身子短了一块。嘴唇上，他也留下小胡子，有不甚黑的地方，他抹上一点皮鞋油。表面上的变动是内心的倾向的标记。二狗的心灵，正像他唇上的小毛刷子，也慢慢的成了日本式的。他学会了"狠"。对文城的人，无论男女老幼，他用皮鞋替舌头，先狠命的踢上两脚再说！他的手，除了在日本人面前，老握成拳头，随便的砸在人们的鼻子上，砸出血来。他的牙，经常的咬得吱吱的响，而且会像狗夺食似的那样露出来。这些脚拳牙的活动，给他极大的安慰与满意。他报了仇："看你们还敢叫我二狗不敢！我是活阎王，我是二太爷！"

他的学问，没有进步，也没有退步，而恰好足以使他满意——他写的中文，和日本人所为的，正好差不多，日本人不能明白王举人的《东莱博议》的笔法，而很能欣赏二狗的别字错字与不通的词句。在详细推敲之后，二狗和日本人能琢磨出天下最奇怪最不通的公文与布告来，不像中文，也不像日文。而给他们自己以最大的满足。

当王举人允许了二狗去自由行动,二狗马上找了梦莲去。

梦莲正在屋中读着一本书。什么书?书中说的是什么?她完全不晓得。眼睛看着书,可是她并没有看见一个字!

假若没有战争、流血、屠杀、灭亡、饥饿、毒刑,梦莲大概只是梦莲——用她的小小的聪明,调动着自己的生活:一会儿看看书,一会儿散散步;一会儿享受着恋爱,一会儿,又厌弃了爱情……她必定像一朵随时变换颜色的花,生活在微风与日光中,永不会想到什么狂风暴雨。她会像小溪的流水,老在波动,也永远清鲜;虽然终久要流入那茫茫的海洋,可是要经过很长时间的游戏与享受,每一寸光阴都有它的可爱之处。

可是,她遇到了战争,流血,与它们带来的一切不幸与恐怖。她不能再只是她自己。像遇到了风暴的行人,她不能再游山观景,而须马上决定如何抵抗或如何逃避。不,还不止于此,她甚至于要去想如何停止了风暴。这是不可能的。然而她必须去想,因为只有停止住风暴方是彻底的解决。她的那小小的一颗纯洁的心,要飞到黄云里去把雷闪捉到她的手掌里,像双手一合就擒住一个苍蝇那样。她想,想!想!但是,想不出办法!在爱的小宇宙里,她会成为爱的灵魂:接受并发放爱的香味给父亲,朋友,和一切的人,像一朵兰花会把一间小屋充满了香味那样。现在,一切都变了。一个好像无限大的什么东西,把她的温暖的香美的小宇宙打碎,她是赤裸裸的立在血海与黑风中。一切都变了,她的最亲密的文城变成了死城。她的老父亲变成活在地狱的"人鬼"。

她的家庭变成囚狱，随着微风到来的只是悲声与门外烟馆的大烟味道。她怎办？一切的人怎办？她想不出，而一定要想。战争教一朵花和一棵草都与血、炮、铁蹄，发生了无可逃避的关系！

她厌恶二狗，像厌恶猘犬与毒蛇一样。她一时无法变成个能够去杀敌除奸的男子汉；她的手脚都不是为战斗预备的，她只能消极的去厌恶，厌恶给她一点痛苦的快感。

看见二狗进来，她想用冷淡表示出她的厌恶。可是，她忽觉得那太消极，太微弱。她应当有点更有力的表示，她须动作。

她想要镇静，可是她的眉头不由的皱在一块，小脸上有点发青，脑门上轻易不显露的一根青筋暴涨起来。"你？"她噎了一下，不能再说下去。

二狗的眼光从鞋尖移到梦莲的脸上，嘴慢慢的往左右拉，露出许多的白牙来。

"我、我……"他不知道说什么才好，而往前凑了两步，颇有马上搂住她的意思。在他眼中，她现在已经不是娇美的梦莲，而是日本人心中所有的，那个特别下贱的女性。

"你？"梦莲也往前凑一步，她的手与唇都有点发颤，但是她迎上前来，只有勇敢，才能保卫她自己。即使面前是个日本野兽，她也决定迎上去，这是任何一个妇女在抗战中起码应作到的事。

他站住了。

她也站住。眼睛对准了他的，她用她的很小很硬的声音命令他："你滚出去！"说出这个，她才把右手抬起来，用小小的食指指着门。

像忽然被马蜂蛰了,他稍一楞,马上感到疼痛;疼痛刺戟起他怒气,他想扑灭那个马蜂,他扑过她去。

她的眼睁到极大,像一匹受了惊的小鹿。她极快的退到八仙桌前,摸到桌子,也就摸到了一个茶碗。摸到,她完全没加思索的把碗扔出去。

二狗的眼被血迷住。

梦莲楞住了。她心中很乱,可是极坚决。她等着他二次的袭击。她应当喊叫,但是她不肯。她的心跳得很快,她可是要用自已的坚决把心定住。敢作敢当,等着事情的发展。

出她意料之外,二狗一手握着脸,哟了两声,莫名其妙的跑了出去。

极快的,像脚未擦地的,她往外追。追到门口,她站住了,手扶着门口,像多疑的小鸟刚落在地上的时候那样,她极快的往左右望了两望。她只看见了一点他的后影。低下头,看见阶石上有个鲜红的小圆点,一滴血。腿一软,她坐在了门坎上;用小手托住她的有点发热的腮。

十 六

已经是深夜,梦莲的屋中还点着小烛。她知道自己闯了祸,她需要一点光明。每逢把头钻进被筒里去,她便看到阶石上那一滴血。那一滴红的汁浆渐次扩大,变成监狱,行刑场。她怕监狱,怕死灭。赶快她把头伸出来。看见灯光,她心中轻快了一些。她是作了一件应当作的事,一件得意的事,假若二狗去向日本人控诉她,她会不皱一皱眉头的随他到案。监狱是可怕的,刑罚是可怕的,可是苟且贪生是更可怕的。她害怕,她感到光荣;她乱想,可是还很坚决。

她不想从父亲那里得到援助或安慰。她只盼丁一山会忽然自天外飞来,把她救出重围。她向来没有感到这么孤独过,也向来没有这样想念一山过。虽然她和一山已定了婚,虽然一山对她老像用双手捧护着风里的灯光那样的珍爱,她可永远没有过什么火热的表示。她爱一山,一点不假,但是她永远把爱埋在心里,像萝卜似的,红的部分在土内,外面只露出一些绿的叶儿。每逢他问她:"你为什么这样冷呢?"她会微微的一笑的说:"我跟你好!"她只说"好",不说"爱",虽然她很需要爱。在一山离开文城以后,她没有因为想念他而流过泪。她有许多小事情占据她的心,她永远不把目光注射在某一点上,呆视好久。一山的形影,不错,时常出现在她的心眼中;但只是一闪便逝,像湖水上的翡翠鸟的影子似的。他的来信里面是永远这些极富感情的话。这些信教她感到生命的充实。但是,她的回信,几乎永远找不到一个"爱"字。她的信简单,用的字更简单,倒好像一个字有多少多少不同的意思。她简直不像个女人,而又的确是个女人。

现在。她可是非常的想念一山。还不是热情,而是盼望他来与她立在一处,去应付,抵抗,一切困难与危险。明知无望,还要盼望,是人的最愚蠢,也是最天真的事。一山不会从天而降,她晓得。

王举人可是吓慌了。他最怕血。对臭虫,蚊子,苍蝇,他都有相当的胆量去扑杀。对蜘蛛,蝎子,马蜂,他便敬而远之了。至于对确实足以教他或别人流血的东西,像虎狼,毒蛇,和日本人,他便只有跪请开恩,而绝对不敢去触犯。即使它们无缘无故的来伤害他,他也只好俯首受死,死而无怨!

与其说是为了梦莲的,还不如说是为了他自己的安全,举人公一方面派人带着云南白药与礼物去慰问二狗,一方面他自己找了梦莲去。

他很怕女儿又一声不响。可是梦莲说了话;她所说的,却不是他所愿意听的。他愿意开门见山的商议,怎样了结这桩不幸"事件"——和日本人来往多了,他颇学了几个不见于《东莱博议》的字眼。他实际,他的心中永远关切着鸡毛蒜皮一类的小事情。每逢他听到比鸡毛蒜皮稍大一点的事,他会把水烟袋放下,表示他很愿意听取"大"事。及至他听到比"大"事还大着多少倍的事,他便连连的吸烟,而很快很脆的吹出烟蒂去。那些比"大"事还大的事,教他头昏,而轻脆的吹出烟蒂去仿佛使他心中舒坦一点。

梦莲的话使他吹了一地的烟蒂。

她的话好像是久已预备好了的。在平日,她若一动感情,她的话就很少而很硬,有时候使人不大能了解。今天她仿佛在高傲倔强之中。还有点可怜老父亲似的,把话说得相当的多。而且没有什么费解的地方。

"爸爸!"她的嘴角下垂,轻蔑的一笑。"我还得叫你爸爸,嘻!"

举人公的小黑眼珠,像个小圆玻璃球似的,极快的投在她的脸上,又极快的收了回来。

"爸爸!请你设法放我走!火车站就在城外边,可是我逃不出这院子去;你得给我设法!你作的事是对不起人的事,连我,你的女儿,都不能再毫不惭愧的叫你一声爸爸,更不要再说别人了!我们父女的关系已经不再存在,因为咱们的中间有一座极高厚的墙;墙这边,是你自己的一切;墙那边,是我的一切。我没力量推倒那堵墙,你根本不想推倒它。我们只好各奔前程,把墙留在那里。请你看在父女的情分上,设法教我逃出去,所以我现在还叫你爸爸!假若不肯呢,我也没法子强迫你;但是你也不能强迫我像一个女儿似的住在这里;咱们即使面对面的坐着,中间还是有一堵大墙!至于二狗的事,根本不足道,也就不必谈!"

说完,她躺在了自己的床上,枕着两只小手,向天花板极慢的眨眼;心里像完全空了,又像还要想一点什么似的。

王举人的手颤得已托不住了水烟袋。他万没想到梦莲会说出那么坚决无情的话来。他以为:政府可以换,朝代可以换,但是父女的关系与情义是永远不能改换的,不管是在什么时间与地点。他绝对想不到，在国家存亡的关头，父女或父子的关系是可以，而且有时候是必要，改换的。他不能再容忍，将就，原谅梦莲。他的小薄嘴唇动了好几动，只把两根短须裹到唇内去，而没说出什么来，用他的带着很长的指甲的小手指，轻轻的把那两根须拨出来，他托着水烟袋走出去。

他不能再敷衍那个家庭的反叛。他须拿出点颜色与尊严给她看看，而沉默就是很有力的武器。冷淡她几天，他以为，她就会回心转意的，自动的，求求他原谅，因为她既是个女孩子，又没受过苦，她是绝不会逃出他的手心的。等她自动的来认罪，他再痛痛快快的斥责她一番，那才够味儿。

刘二狗来见举人公。他的脸上锯着两三个橡皮膏的十字，像刚锯补起来的破锅似的。

举人公要道歉，可是二狗不准他开口。

"嗨！"二狗的音调与神气完全像一个大流氓命令小流氓的样子。"明天我在你这儿请客，两桌。山本，青田，大熊……都来。我的爸爸也来。"他掏出两个请帖摔在桌上。"你们爷儿两个！"

举人公没有这样接受请帖过。但是，他并不很生气。不错，二狗的语调与神气不是他所能，所应，忍受的。可是，二狗的无礼与二狗的心意到底是可以猜想到的，也就是可以由慢慢商议商议而改换过来的。在学问上，举人公要比二狗高着许多许多倍。但是，由处世上说，他们俩的心智是同型的，而且立在一条线儿上，分不出什么高低。二狗的话，尽管十分难听，究竟是具体的，像鸡毛蒜皮那么显明，实在。无论怎说，二狗的话是不像梦莲的那么无可捉摸，那么虚无飘渺。

"我们爷儿俩？"举人公不知应摆出一点宽大为怀的笑容来，还是应当带出点保持尊严的怒气来。他只把两道小秃眉毛的中间拧上些皱纹。

"你，梦莲；俩！"二狗不耐烦的把自己扔在一个椅子上。

举人公的小黑眼珠在眼眶里转了好几圈。然后干嗽了一声，又微笑了一下——一个很干枯很微弱的笑，像患肺病者明知危险而还不能不表示出点无所谓的精神来。"何必请她呢！一个不懂规矩的小孩子！"

二狗原来的计划是放下请帖就走，看王举人怎么办。可是，他到底是二狗，他沉不住气。"哼！"他立起来，把双手都深深的插入裤袋里。"她还是非到不可，我告诉你！我教她陪客！等大熊喝醉了，我教她给他们攥着××！哼！敢用茶碗打我？我二狗，二太爷，会报复！"

举人公无论如何不能再忍。但是，他依然忍下去。那些难以入耳的粗话是他永远不肯说的，但是在发气动怒的时候他并非不想说出来；它们——那些村野的话——曾经在他心中转过多少弯子，而只是到了嘴边方又转身回去的。现在，二狗发了怒，把村话说出来。举人公并没十分的吃惊，而只觉得不大文雅而已。

"先别动气，"他住声的说："别动气！"

"别动气？"二狗的嘴拉得极长，往前挪了两步，像要把举人公吃了似的。"你管不了你的女儿，教我去挨打，你是故意的欺侮我！"

"我没教她打你！"举人公抗辩，好像自己不过是个五六岁的小孩子。

"你没有？好，咱们明天见！"二狗要往外走。

举人公忙拦住他："别走！别走！咱们慢慢的商量！"急中生智，他建议："咱们和梦莲当面讲好不好？"

他倒是的确以为二狗的办法太毒辣。说真的，假若真有个日本官长想娶梦莲，他满可以考虑考虑。二狗现在是要使梦莲当众出丑，他有点吃不消。他宁肯自己去出丑，也不能教梦莲去受辱，因为梦莲是个女的。尽管梦莲不孝，他可是不能忘记她是个女儿。这是他的宗教——一种特别的宗教，宁可以卖国，而不能教女儿陪酒。

二狗呢，虽然发怒是真的，可也没有污辱梦莲到底的决心。他是用发怒来恫吓举人公。假若还可以转身的话，他宁自愿意再挨一茶碗．而把梦莲得到手。

举人公找到梦莲，命令她来见见二狗，并向二狗道歉。他确是命令着她，因为他觉得在她得罪他以后，他还能这样关切她，他的确够个作爸爸的样子，所以理直气壮。

梦莲只由鼻子里哼了一声。她不能去见二狗，更不能向他道歉。举人公以为这点小小的冲突，不过是父女间的，朋友间的常常有的误会，只须三言五语，顾住大家的面子，便可以解决一切，像太平年间一样。他根本没想到，父女与朋友的关系中，现在，已经搀夹上了更重要的，不可忽视的一些东西；而这些东西会教梦莲否认父女和朋友的关系。梦莲看他与二狗是汉奸。她不能敷衍二狗，正如她不能敷衍父亲。她没有多大的胆量，但是任何一个青年在同一的情形下，都会把所有的胆量都拿出来支持一点人间的正义。她没有什么本领，但是在人格可存可失的关头，她宁愿因反抗而失败，也不肯随便的跪在地上。她知道自己必定失败，因为她的敌人是二狗与一大群日本野兽。可是她不能退缩，投降；反正是一死，横一下心，死得光荣一点，总比经常的受辱强一些。她很弱很小，但是她必须有以死为抵押的决心。她爱自己的手，脚，与全身，她怕死；可是她必须爱自己的灵魂，她得去死！她的泪没有落下来，而没有落出来的泪是最酸楚的，也是最勇敢的。

举人公不敢向二狗发气，更不敢向日本人发气。平日，他也不敢向梦莲发气。气是必须发的，到了非发不可的时候。现在，他非发气不可了，因为事情已经不是平心静气所能解决的。比较起来，二狗，日本人，与梦莲之中，只有梦莲最软。所以他的怒气，像一支毒箭似的，向她射来。

"梦莲！你这是要我的老命！我有什么对不起你的地方，你就这么狠心的挤兑我呢？我一天到晚提心吊胆的唯恐得罪了人；你怎可以，怎可以，故意的给我招麻烦呢？要我的命，好，拿去，拿刀砍了我！好教人说，你是个孝女！你想想看，二狗是好惹的不是？日本人，"他不由的顿一下，往四下里看了看，声音放低了些："是好惹的不是？你要也长着点脑子的话，你想，想，想一想！"

发作完这一顿气，他心中痛快了好多。他几乎要后悔没能早一点这样发作一顿。说真的，自从日本人进城来，谁的气他都得受着，连二狗的气都不敢原封的扔回去。他自信是个涵养很大的儒者，但是涵养似乎也并不是没有限度的。过度的容忍，有时候是不大健康的，他早就该发作一下。现在，发作完了，他觉得身上有了力量；不但手与唇没有颤动，而且口中的津液似乎源源而来，话尽而意未尽的还想再说下去。

他可是控制住了自己,没再往下说。他要看一看。假若梦莲哭起来,他便应当一边给她擦泪,一边拉着她走,去见二狗,给二狗道歉,事情大概也就可以暂时的敷衍过去了。他并不希望彻底的解决,只要能敷衍一时就算有了办法。

梦莲没出一声。她不愿意再白费唇舌,一个探险家不见得就必定遭险,她希望事情还能好转。假若真遇到危险呢,那也就只好听天由命。能消极的,沉稳的,对付暴力,是一个弱女子至少要作到的事。她没有力量去杀死一个敌人,至少她须不教敌人的手挨到她的身体。她惨笑了一下。

十 七

举人公为了大难。怎样去对二狗说呢?自从敌人进了城,他已经屡次在二狗面前丢脸。但是,那些丢脸的事,都是来自他不善于应付日本人,而教日本人责骂一顿,又仿佛是最应该的事,所以这种丢脸,细想一想以后,便可以等于不丢脸。现在,他又须去丢脸,而丢脸的原因是管束不了自己的女儿;连自己的女儿都管不了,一个人还有什么活头呢?

为遮羞,他怒冲冲的走回来,一边走一边骂;见了二狗,他不报告与梦莲谈判的经过,而还是一劲儿的诟骂,好教二狗知道:"你看,我老头子也会发气,也会骂人!"

他刚要坐下,梦莲也轻轻的跟进来。他不好意思再骂下去,又不敢忽然的停住,于是嘴里不知说什么好的胡乱出着点声音,用力的把水烟袋放下!那无心中的,袖子撩下一个茶杯,拍碎在了地上。这些响声教他心中满意,而又有点害怕,怕自己真是动了怒,而有害于自己的健康。

梦莲没有看父亲,而把眼对准了二狗。二狗的眼躲开了,撇着嘴,好像不屑于看她的样子。他的心里,可是很不安。他有点怕她,她的身上似乎有些什么不可侵犯的正气。

"二狗!"她的声音很小,可是很有力,像声音作的小针尖。她本想教脸上的肌肉都弛懈开,表示出若无其事的样子。可是，她没有作到；脸上一点血色也没有；肌肉，像忽然受了凉似的紧急的缩敛。"你只管请日本人来，我一定陪着他们！没有手枪，我起码还有小刀，剪子；我会刺死他们一半个，给你看看！即使没有刀剪，我还有牙有手！我打死他们，我死，你也活不了，因为你是主人，是你请他们来找死的！明白没有？"

王举人很想用手指堵住耳朵眼。这时候，他差不多是真恨梦莲了！他心中说："凭我这么有涵养，怎么会有个这样泼辣的小丫头呢？我的老命非断送在她的手里不可！可恨！"

二狗的眼睛几乎永远没有睁这么大过！他开始明白：他是惹恼了一个真正"吃生米"的人！一点不错，梦莲要是得罪了日本人（更不要说用刀剪刺杀了！），他自己一定也得陪着死！

他笑了。很快的他把那两张请帖拿起来，放在衣袋里。"闹着玩呢！闹着玩呢！我并没请日本人，我不过要吓唬吓唬你！算了，我走啦！"他扭了两扭身子，像个大泥鳅似的，要往外走。

"二狗！别走！"梦莲命令他。"我告诉清楚了你，从今以后，不许你再打我的主意！告诉你，我就是去嫁一个野猪，也不能嫁给你！你怕日本人，我恨日本人！你滚！"她的一口唾沫啐在了地上。

举人公要说点什么；口还没开张，二狗已经"滚"出去。他长长的叹了口气。梦莲看了父亲一眼，很快的走出去。

松叔叔从外面进来。梦莲没等他开口打招呼，就努了一下嘴。松叔叔极快的跟了过来。

松叔叔好像忽然增加了十岁。敌人还没有怎样的欺侮过他，因为他是王举人的佃户，王举人已经给他打垫过。可是，松叔叔忽然老了十岁。他看到的，听到的，全是应当咬牙落泪的事，整个的文城是被泪与血淹起来，虽然住在城外，但是他会听，由耳朵的感觉，他会分辨出文城的快乐或悲哀，像医生由听觉而能断定人的心脏健全与否那样。在平日，远远的他听到喇叭与锣鼓，便知道城内有了丧事，或喜事。在清早，风儿吹来的歌声会教他的心内看见多少小学生在升旗唱国歌。他最喜欢小孩子，他切盼添个胖孙子。城里的爆竹声使他感到过年过节的热闹。……住在城外，可是他并不觉得寂寞，因为城里的种种声音像留声机似的，不用到戏园去，而能听到了戏。现在，城里什么声音也没有了，鼓乐不再陪伴着婚丧嫁娶，花炮不再迎接着季节，小儿的歌声变成了喑哑；风来了，带来的只是空虚，在松树中停住一会儿，悲泣！文城已经死了。偶尔的，他也听到一点响动——枪声。敌人又在枪决城里的人！

在平日，老有城中的人，识与不识，到他这里要口水喝，歇一歇腿。即使他不常进城，他也会知道城里的事。现在，城里的人已不敢再到这里来；敌人恨这片松树，由树林里穿行的人都该杀头。他和城里几乎断绝了关系，文城已不再招呼他。早上，晚上，他必定看到几个带着枪的敌兵，从他的田中走过去。他们教他看见凶狠毒恶，和城里为什么一声也不响的原因。

在平日，文城虽不是个夜不闭户，路不拾遗的乐土，可是城里城外同样的可以安居；即使偶然的有个小偷或路劫，也仿佛只增加了居民们彼此的关切，而不至于大惊小怪的感到什么威胁。现在,那些早晚巡逻的敌兵便是天字第一号的强盗。他们看见什么拿什么,高兴拿什么就拿什么。鸡鸭,猪羊,衣服,首饰,妇女,都是一样。他们是海贼,最无情,最小气的海贼。老郑看到的听到的是一部最污浊最可耻最野蛮的历史——虽然还很短,可已经不是稍微有点血性的人所能忍受的。使他最担心的是小郑和媳妇。小郑是那么心粗胆大,而媳妇是那么年轻无知。女人,在如今,便是罪恶与祸患。他昼夜紧守着他们,好教他们不碰在敌人的刺刀与兽行上。他是茅舍的眼,耳,鼻;他老看着,听着,和像猎犬似的嗅着,以免敌人冷不防的捉到他们。他几乎没有一天不自己叨念:"要杀,杀我老头子!老天爷,千万把我的儿子和儿媳妇留下呀!"白天,他惊惶不安,无论是鹰啼还是犬吠都足以教他心跳;他听着松风,或看着青天,仿佛林中或青天上都会猛孤丁的落下祸患来。夜里,他睡不安。他追想从前的太平景象,和唐连长的壮烈牺牲,并盘算明天的事。没有明天,明天的生死祸福已经不是他自己所能决定的。那些拿枪的敌兵几时要你的命,你几时就须到另一世界去。

他最欢喜工作,锄头铁锹的光滑的木柄,与地上的味道,永远给他一点欣悦。持着锄,立在地上,教他觉得自己像松树那么稳定,生命在地里生了根。现在,他懒得去工作,因为文城已经死了,而他自己的明天也不会再光明。他常坐着发楞。在发楞的时候,他悟出许多道理来。在战前,他在城里,听过学生与学校的先生们的讲演。他听到"爱国"和"亡国"等等动心的名词与道理。他们的话的确使他动心,但只是那么一会儿;过去,就马上忘掉。那些爱国与亡国的事离他太远，就好像听说美国的鸡有九斤重一样，虽然很有趣，可是与自己无关。现在，他悟出许多道理来。假若他有机会去讲演，他必定会具体的说出许多爱国与亡国的事实来。

到了梦莲屋中，梦莲坐下，松叔叔立着。谁也没有话说。梦莲想请他坐下，话还没有说出，那无声的，滚热的，眼泪已经一串串的流下来。对父亲，对二狗，她都把泪藏起来；现在，她看见了松叔叔！松叔叔，不知她为什么哭，也顾不得问，老泪也自然的涌出来。泪都是由心中出来的，一块儿哭，心中就一齐得到安慰。他们谁也没去劝谁，而任着泪去流净心中的委屈。

"莲姑娘！"松叔叔抹着胡上的泪珠，低声的叫。"莲姑娘！说会儿话吧！"

梦莲没有什么多余的动作与撒娇，用手绢轻轻搵了搵眼，大方的，坚决的，收住了泪。从泪里，她提出声音来："松叔叔！"

松叔叔自动的坐下，右手用力的擦那被泪流湿的胡须，呆呆的看着莲姑娘。她低声的，简单扼要的，把心中的委屈告诉了他。"怎么办呢？松叔叔！"

"怎么办？"松叔叔只给了这么个回响，并没有什么办法。

"我想逃出去，可是怎么逃呢？"她把声音放得极低。

松叔叔摇了摇头。"那要小心！一位千金小姐，在这兵荒马乱的时候，往哪里逃？"

松叔叔的同情，关切，谨慎，给了她很大的安慰，虽然他并没有高明的主意。

"不逃吧，又不行！"她的眉头皱了一下；紧跟着，脸上似乎又微微有点笑意；不是对事情乐观，而是因松叔叔在一旁，她觉得心中痛快。

"不逃又不行！"他像一座山似的，碰回来她的声音。"怎办呢？"

松叔叔的腮紧紧的动，又楞起来。楞了有三四分钟，他才找到了话："莲姑娘！要逃的话，我跟着你！可是有一层，我放心不下我的那个畜生和媳妇！日本人到处找女人，王屯的李寡妇跟她的十八岁的姑娘，就是十二天以前，都——莲姑娘，你明白，我不敢细说！我不放心儿媳妇！"

"我不能连累你老人家！"

"可是，只有我跟着你，你才敢放心的往外逃！"

这一老一少的心碰到了一处。他们还没有想出办法，可是心中碰到了温暖与希望。他们觉得，只要他们不向敌人投降，他们就必有自救自拔的办法，虽然其中是有多少多少危险与困难。

"莲姑娘，我先问你一件事。"

"什么？"她的脸上确是有了笑纹，她高兴，她觉出自己的重要。

"我打听出来，"松叔叔把声音放得极低："咱们的县长现在住在大柳镇！"

"怎样？"她凑近他一些。

"我打算去交钱粮！"

"交钱粮？"她仿佛根本不晓得天下还有这么一种事情。

"我为是给举人公减轻点罪过！"他的声音已低得像耳语。

梦莲想了一会儿。"我明白了！应当这么办！"

"有人已经这么办了，把钱粮交到'咱们'的县长那里去。咱们也应当那么办，好教县长知道举人公并没真'随'了日本鬼子，他还是大中国的人！"松叔叔的神气教梦莲看出来，他虽然是要帮举人公的忙，可是他并不敢直接去和举人公讲；他知道举人公爱钱。

梦莲半天没言语。战争把她改了，她现在已学会了怎样去思索。从前，她的一切举动都决定于一时的高兴；现在，她已被战争把她压倒在地，她须设法用思想与计划教自己立起来。"你，松叔叔，去跟爸爸说。我不能去，他和我刚刚闹了气。他爱钱，也更爱命！说明你的来意，你看他的眼珠紧紧的转，事情就算成了！"

"噢，"松叔叔立起来，用手背擦了擦迎风流泪的眼。"莲姑娘，举人公若是愿意，我就跑一趟！一百二十里地，我一天半就能赶到。就手儿我也看看路上的情形，要是好走的话，莲姑娘你逃走可就有点，有点——"

"把握了！"梦莲给他找到了适当的字而后，她心中一亮，好像已经看见可以逃走，可以恢复自由的一条大道。

松叔叔用几根枣木棍子似的手指拍了拍衣服上的土，蹀了蹀大洒鞋，又干嗽了一两声，去见举人公。

十 八

不出梦莲所料，举人公愿意交钱粮。老郑本来很怕和举人公说话，因为举人公的话里常常带着书上的字眼，教他莫名其妙。而且，这一次，是他给举人公出主意，教举人公破钞，他的心里一点也不像往常来报告"今年多收了十五担高粱"那么平静。他几乎怀疑自己真的有那个胆量把话说出来。况且，他知道，院中老有人监视着举人公；连给举人公打杂的都是敌人派来的侦探。假若他的话被他们听了去，他晓得自己的头就要在项上长得不十分安稳了。

举人公正在批阅公文。他讨厌看它们，但是日本人的鞭子——无形的——老在他的背后，他不敢十分的贪懒。那些公文的内容没有一件是有利于中国人的，纳粮，抽壮丁，统制物资，使用伪币……他知道他的笔下可以杀死多少多少人，但是他没法子不批准——他的唯一的任务就是替日本人批准一切杀人放火的事。他不能由国家民族的立场去看事，但是他深知道因果报应的可怕。他入过考场，在很年轻的时候就取得了功名，他知道，是一半来自学问，一半来自祖宗的阴功德行。在他坐在与囚狱相似的书房里写卷子的时候，他仿佛看见了好几个白胡子老头儿，都慈眉善目的向他微笑——所以，他中了举人。现在，在他的笔下，他看见多少没有头，或头上带着一个血洞的人。他不敢再落笔。但是他又非落笔不可。为维持生命与财产,他须忘了那些屈死鬼。他须不再迷信!他写下来批语,签了字盖了章,心中痛快了一些。"管它呢,批完一件是一件!"他告诉自己。

老郑来得正好。举人公恰好看一件日本人要"女看护"的公文——文城须至少送出一百二十名"女护士"到各处军营里去。看着这件公文,他想起刚刚闹过气的梦莲。他决不肯教自己的女儿去陪酒,可是他须把别人的女儿送到军营中。他看见一群吐着舌头,下身流着血的女鬼!他闭上了眼,盼望看到那些曾经在考场里保护着他的白胡子老头儿。没有看见。睁开眼,他看见了老郑。他把公文推在了一旁。

老郑一眼瞭着院中的人,一眼看着举人公,很困难的,续续断断的,把来意说明。举人公的小眼珠只转了两个圈,就点了头。看了院中一眼,他口中的热气吹在老郑的耳朵上;"咱们要谁也不得罪!"

老郑不愿意多啾咕。他向举人公告辞。怪舍不得似的,举人公托着水烟袋把他送到院中。

看着老郑走出去,举人公的心中轻松了许多。他想跟谁再谈一谈心。在他的盖满了耻辱与污垢的心中,他现在找到了一点光亮,像破屋子似的,虽然丑陋不堪,可是屋顶上的漏洞能放进点月光来。耻辱与污浊最好是埋在心里,像死人须放在棺材里那样。但是,光亮是要射出来的。他渴想跟谁谈一谈心,把刚刚找到的一点光亮放射出来。

谁是可以谈心的人呢?只有梦莲。但是梦莲已经几乎不再是他的女儿。他的嘴,说不过她。他的"涵养",又教他处于不利的地位;她敢任性的乱说,他不敢。但是,他必须找她去,跟她说几句知心的话;再不说,他的心就会由憋闷而爆炸,像小孩吹的气球那样。他的脚不由的走向她的屋子去。不管她怎样,他须把心中的话说出来,好教自己的身上还有一点人味儿。

梦莲正爬在小桌上写信。她不必抬头,就知道是谁进来了;她认识他的脚步声——一种轻、短,而并不快的,仿佛只用脚掌那一点肉用力的,脚步声。因此,她也就没抬头。

举人公停住了脚步。从胸部到喉管,忽然干辣辣的缩紧,他想扭头走去。她的冷淡是无可忍受的。但是,他没动。像被食物噎住似的,他咽了一大口气。他看着她。她的额部几乎不能看见,他只看见她的颧骨和腮——她的腮上是那么瘦,颜色是那么惨白,他的怒气与反感开始变为怜爱与同情。他好像已经有许多天没看见她,好像头一回看清她是这么憔悴。她不但是他的女儿,而且是个应当被人怜爱的女儿。他觉得有些对不起她。什么地方对不起她?他不愿意去想。因为,假若他要依着她的看法去想——什么汉奸咧,卖国咧——他就无法再为自己辩护,无法再活下去。他须欺骗自己,以便苟延性命。他希望女儿能明白这一点。

"梦莲!"他低声的叫。

"嗯?"她的笔尖朝了上,左手按着纸,像知道他来,又像是刚从梦中惊醒的,这么出了一声。她的眼中带出很疲倦的样子,而皱着的眉头又表示出虽然疲倦仍然不服气,还可以随时对他反抗的神气。她的上嘴唇翘起一点,露出两三个小牙;她的牙仿佛不似往日那么白净了。

他走到她的旁边。她没有改动她的姿态,只把眼低下来,定在信纸上。

"梦莲!"举人公把水烟袋放下,自己搬来一个椅子——

姿势极不自然，像三四岁的胖男孩抱着个布娃娃那么不自然。

梦莲没有任何表情，把信纸翻过来，把笔插在笔帽里。

"梦莲！老郑去了，去交钱粮！"他的心中的那点亮儿放射出来，像把一个鱼刺吐出来那么痛快。

她把双手放在脖子上，脸儿仰着，又"嗯"了一声。

"你看，梦莲，我是要谁也不得罪！"他很高兴的说出他的哲理。

"各方面敷衍？"梦莲的话像利刀砍在豆腐上。举人公确是像豆腐，他软软的接受了那一刀，并没使刀刃发出火星儿来。

"那有什么办法呢？"举人公叹了口气。

"我们的命就那么要紧？"是的，她知道，命实在要紧。在抗战以前，凭她的那么娇生惯养，凭她的爱花爱草的天性，她永远连"死"字都不大爱说。不是出于迷信，而是她以为"死"字与她相距太远；谁能看着一个可爱的世界，鸟在唱，水在流，而忽然想到死呢？可是世界变了，她看到死，种种的死，比噩梦还丑陋的死。她认识了死。她觉得死在这年月，一点也不稀奇，而且是人人不能免的。看清楚了这一点，她常常想到死，而不敢死的就好像不配活在战争里。战争根本便是死里求生。她的思想，以前是这么轻微浅薄，现在却被战争熬炼得像生命那么大，那么重。她不能不常常想到生和死，因为水火刀枪都就在她的眼前。

举人公不想再谈下去。他后悔刚才为什么要来和女儿谈心。女儿的眼是由生一直看到死，而他的是慢慢的慢慢的，像叫花子在垃圾堆上拣东西那样，逐件的细看，只要看见一块还有一点点黑色的残煤，就可以再燃起火来取暖的希望。敷衍，各方面敷衍，的确是他的哲理；而且是，在他想，最适用于乱世的哲学。东摸一把，西摸一把，摸来摸去——他想——就会摸到自己的脑袋还在项上！这就叫作"一贯"！梦莲不能懂得这个一贯之道。她年轻幼稚。他不想再和她往下谈。

但是，他又不肯走开。好容易和她坐在一处——她既没一语不发，又没跺着脚生气——他须忍耐一会儿，再使她多明白一点他的心。他是有涵养的人。即使她不喜欢听他的话，他也得说出来——心到神知！

"你看，梦莲，"他把声音放得极低："这不是第一次了！两三回，政府派来的人，我都见了！很冒险！所以，连你都不愿意告诉！咱们各方面都不得罪；哪边胜了，都得另眼看待咱们！我就盼望早早的打完仗，我还能平平妥妥的入了棺材！梦莲，你要明白我，咱们爷儿俩才是……"他说不下去了。

梦莲有许多话要说，但是不愿意开口。她讨厌父亲的无动于衷的客观，与完全没有贞操的实利，可是赶快结束这种无聊与苦恼，她似乎非表示一点怜悯他的意思不可！她勉强的笑了一下。

十 九

举人公的心里，自从敌人进了文城，还没有这么痛快过。他觉得梦莲的一笑是父女和好如初的第一层台阶。上了这一步，以后就都好说了。只要梦莲能了解他，他就可以挺起腰板去干；无论干什么也不丢人；一个最小的理由可以解释开天大的罪过！

梦莲继续写她的信：

"……到今天，爱，我才发现了我的心并不是心，而是一块肉作的小机器，它只会均匀的，不断的，动，而没有应比机器更多，更热，更大的感情。因此，我懦弱，我浅薄；我只想在人间游戏，而不会由心中发出带颜色的动作来。我是被薄云遮住的残月！残月？我不是很年轻么？哼！

"我的脑子也只是一块与豆腐差不多的东西。它不会思想。我很年轻，我应当像一个有出息的青年那么活动我的脑子。可是我浅薄，浮动，我只想这一会儿我该作什么。过了这一会儿，我再想下一会儿。我的生活是残破了的电影，而不是有结构的戏剧。我只用脑子去'碰'，而不是去想——把事想'全'了。

"感谢神圣的抗战！我看清楚了我自己！我须立刻

教我的脑去想,教我的心发出真正的感情!我必须找你去!请不要害怕,我不会只用吻与拥抱给你安慰与鼓励,从而使你——也许——忘了你的责任,而只图爱的享受。我要去干点什么,不为你,也不为我自己,而是为抗战!你看怎样?"

她停住了笔。手心对着手心,她自己握手。手心上有点汗,而且发烫。摸摸脸,脸上也发热。她感到全身都有一点平常所没有的力量与热气。再读一遍,她满意自己的文字,承认自己的真诚。她立起来,直了直腰,用拳轻轻捶自己的胸。她又看到火,血,敌兵,困难,死亡;可是她不怕,她深信自己会克服一切,会像一个勇士似的面对着危险。她已不是自己,而是像被一种什么力量捉住的另一个人,她应当喊叫,随着狂风向前冲杀!

可是,她知道,这封信寄不出去!自从文城陷落后,她给丁一山的信里只说些最简单的,最无关系的话。一山的回信也是如此。敌人检查信件。一山的信里,不提举人公一个字,可是信封上老写着王举人转交。他用举人公保险他的信。梦莲给他的信,也老是由别人转递,不敢直接写出他的住址。现在刚写好的这一封,尽管还由别人转交,也不应当寄出去。她用力拧自己的小手,但是无法可想!她由窗户中看见一角青天,她想飞出去!

二狗带着脸上的伤,依旧在街上大摇大摆。他以为没人敢揣测他受伤的原因,而带着伤走来走去似乎更足以使人们怕他。可是,文城的人们不晓得怎的都知道了:"二狗教莲姑娘给揍了!"于是,他们把二狗与举人公分在一边,把梦莲和阵亡了的唐连长分在另一边；这边的是汉奸，那边的是英雄。看着二狗的伤，他们每个人都想有朝一日，他们的手也会打在二狗的脸上，一直活活的把他打死！

这个慢慢的啾咕到了二狗的耳中，他咬上了牙。他起誓非把梦莲弄到手不拉倒。为增高自己的地位，为报一碗茶之仇，为发泄兽欲，他非把梦莲压在身底下不可！他决定杀死一山。他以为，女人都是玩物，梦莲自然不是例外，况且，梦莲曾经和他好过呢；他不是在她屋里坐过一整天么？一山是唯一的障碍。把他结果了，梦莲一定会自动的找他——二狗——来。即使她还别扭，他会强迫向举人公求婚——一山已经死了，难道你的女儿还守"女儿寡"吗？

但是日本人许他杀人不许呢？日本人是可以随便杀人的，因为人家是日本人。他自己，尽管留下小胡子，腿儿罗圈着，可是到底不姓青山或山本啊！他恨自己没投胎在东洋好，不幸而他杀了人，日本人再一生气而杀了他，岂不很不上算？

他得先试试看。

文城有个最不怕敌兵的小姑娘。她才十五岁。她的脚，裹过，又放开了；所以走路有点像鸭子，她的身量不高，全身都胖嘟嘟的。眼睛很黑很大，嘴唇很厚，说话时，她先把厚嘴唇翻一两下，笑一笑。笑得很天真。因此，她很有人缘；虽然她并不美丽。尽管有时候她的脸上抹上两块胭脂，她的黄头发还是乱蓬蓬的。她似乎永远管束不住她的黄头发。她常为这个翻着嘴唇笑自己。文城的人们都喜欢她，都管她叫作"小蜡儿"，因为她的头发蓬蓬着。"小蜡儿"，不是"小蜡蜡"，因为人们喜欢她，不肯用那个"蜡"字。

敌人进城，小蝎儿，才十五岁，受到最无情的蹂躏。已经被敌人把她当作死人扔在城根，她又苏醒过来。

她终日在街上走，眼睛平看着，似乎看见什么，又似乎什么也没有看见。她的厚嘴唇不再向上翻卷，"笑"已经向她告别。她的下嘴唇倒老微微的动，像是微颤，又像是说着些什么无声的言语。在街上，她老在街上，看见地上有个梨核，她便拣了起来细瞧瞧，而后放在衣袋里；若看到一块有颜色的纸，她便舐上点唾液，把它贴在脸上。她不哭不闹不说话，只是终日在街上走，像个无害的鬼魂。

文城的人们都曾经喜爱她，现在对她还时常的施给一点小小的慈惠，连小孩们都尊敬她，不肯和她瞎闹。敌兵，不知是天良发现，还是另有用意，对她也不加干涉；她可以在街上随便走来走去。

二狗想拿她试试手。他把她交给了他的心腹人田麻子。田麻子把她诱到城外，便结束了她的耻辱与苦痛；尸首就扔在路旁，给敌兵看看。

敌兵到城外巡逻，看见了小蝎儿的尸身，他们并没有追究，就好像看到一条死狗似的那么不关心。

二狗放了心，他可以杀人，只须杀在城外就行。

他运用日本人，教他帮忙检查信件。

他看过了好几封梦莲与一山的通信，但是里边的话语都不给他什么光亮。

末后，他看到一山的信，信里暗示出一山也许要回文城来。二狗把一山也交给了田麻子。

一山走到东关外边大槐树下，田麻子执行了他的任务，而老郑在茅屋外边听见了枪声。

二 十

松叔叔坐在梦莲的对面。他向来没有觉得这五六里——由松林到王宅——是这么长,这么累人,这么难走过。这不是五六里地,而是五六万里地。他恨不能一展翅飞到,可是他没有翅膀。

及至见到梦莲,他又觉得来的太快了。看着盖满了黄土的鞋.他没法张开口说话,偷眼看她,她的眼睛是干的,没有一点泪的影子。他为什么这样快的来到,教那一双美丽的眼睛一定要被泪淹起来呢?

他坐着,呆呆的坐着,连嚼动槽牙的习惯都忘了。他的心中成了一张白纸。

"松叔叔!"梦莲轻轻的叫了一声。

老郑打了个冷战!"啊?"

"怎么啦?"她觉得有点不大对,而想不出什么事情不大对;有敌人在城里,什么意外的事都可以随时的发生。

无心的。他用粗硬的手擦了擦脑门上的土。"我,我,"他忽然立起来,"我走啦!没事!看看你!"

梦莲揪住他的袖子:"怎么啦?松叔叔!"

他又坐下了,捶了磕膝一拳,"报仇!"

"怎么啦?铁柱子出了毛病?"

"早晚'都'得死!"他拿起桌上的一杯凉茶,一口喝净。

"他出了什么毛病?"梦莲的眼珠大了一些,口中也有点发干。她的同情心永远是很现成的。

"不是铁柱子!"

"是谁?"

"一山!"

"谁?"她仿佛没听明白。

他说出来了,后了悔。他不想再说。低下头,心中气得像弄乱了的一团黑线,再也找不到头儿。

"一山?"像极快的把手中落出的东西又接住似的,她倒想了起来。

"一山!"

她好似向来不认识这个人——一山。她不知道他要回来(他的信被二狗扣住)。每逢提到他,她老是先想到山,水,战场,而后才看到在她的想象中的他——一个英俊的,武装的,青年。松叔叔口中的一山,和她心中的一山相距太远,教她觉得茫然。

"一山怎样?"她的脸白了。她极快的想到,他也许是阵了亡,而松叔叔先得到了消息。"他受了伤?在前线受了伤?你怎么知道?"

她觉得即使有什么不幸,也不过是一山受了伤。她几乎以为一山应当受伤。他受了伤,她好下决心,逃出文城,去看他。她想不起她应当怎样伺候一个病人,但是她想只要她的眼一看到他,他就会好了的。这么一想,她仿佛头一次看清松叔叔是个乡下人有点大惊小怪。她是脸色还没转过来,可是嘴角几乎有点像要笑的意思。

"你怎么知道的？松叔叔！"

"他来了！"

"来了？"她不知道是事实，还是作梦。她的脸色转变过来，腮上有了点血色。她一眼看到，她与他可以拉着手，一同走向那有自由的地方。"他在哪儿呢？哪儿呢？"她向外面看了一眼，她仿佛望着他就立刻在窗外呢。

"说呀！"

"他，他，"松叔叔咽了一大口气。"躺在了城外！"

"干吗躺在城外？"她想不到他会死。

"咱们的城，不是教鬼子占着吗？"

"他死……"她想到这个可能，可是还不过是一种试探，猜想；一山是不会死的。松叔叔忍心的点了点头。他极快的把眼钉住她的脸。

她的泪马上在眼中转，可是她的嘴角上还有最小的一点笑意。她想控制住自己，用一点最不近情理的笑，把泪截回去。她有个豪横的心。

可是，她坐下了。她的手垂下，手指开始抽动。泪并不多，因为黑眼珠有点向上翻。

松叔叔急忙立起来，他把话已说净，他须准备应付那最难堪的事情。他用大手，一把抓住她的右臂，一手在她的背上拍。他的话是由牙中挤出来的，带着嘶嘶的响声："莲姑娘，不能这么着急！不能！莲姑娘！醒醒！莲姑娘，我是老混蛋！莲姑娘！莲姑娘……"

一分钟变成一个世纪，在我们真着急的时候。松叔叔的头上出了黄豆粒大的汗珠，梦莲还是没有哭出来。她的喉中隔半天才噎那么一下，手脚都在抽动。松叔叔觉得，他是来要她的命，她会这么不言不语的把自己憋死！

他不敢去告诉举人公，举人公只有这么一个女儿。他不能去找医生，不能；他不能离开她，他不能声张；教敌人知道了莲姑娘的未婚夫是个军人那还了得？他须凭着自己的真诚，把她由死里抢回来。他的胸中发辣，好像要吐血。"莲姑娘！莲姑娘！不能这么想不开啊！"

他把她抱起来。她很轻，仿佛像个小猫那么轻。把她放在床上，他替她脱鞋。她蜷着身子，不动，手还在抽动。他的汗流湿了他的小褂。

慢慢的，她哭了出来；一种不痛快的，哑涩的，若续若断的哭。他握住她的小手。她的手在颤，冷凉，相当的僵硬。

她始终没有痛快的哭一声，就睁开眼。猛孤丁的她起来，双手拢住磕膝，眼瞇瞇着，发楞。

"莲姑娘！哭！哭出来！哭出来！别闷在心里！"

她不哭，她瞇着眼，横了心。"他在哪儿呢？"她是声音很小，但是拚着命说出来的。

他没法不回答。他说了他所知道的一切。

她矇着眼，静静的听着。不，不是听着，而是发楞。她的心走出去很远，走出去东门，走到高山大川，走到一山的跟前。一山在哪里呢？她听到了一点声音：

"铁柱子看见了他，躺在大槐树的底下！"

用她的下部作轴，她把自己转过来，脚搭拉在床沿下。眼还平视着，她的脚尖自己寻找她的鞋。找到了，没有提上鞋跟，她立起来。

"走！松叔叔！"

"上哪儿?"松叔叔感到极度的疲乏。

"大槐树!我看看他!"她的眼中冒出一种冷,亮,像刀刃上的光。

"有什么用呢?他们已经把他拖走了!"

"拖走了?"她的脑子已不会思想,她只觉得去看看是她的头一件责任,她至少须抱着他痛哭一场。可是,这一点愿望也不能实现,她咬上了她的嘴唇。

但是,她咬不住嘴唇。像被一种无可抵御的力量催着,她张开了口,泪涌出来,她哭出了声。

松叔叔扶住了她,她的泪流湿了老郑的衣肩。

二十一

石队长变成了老郑的内侄——真要命!

老郑表演得很不错。他告诉王举人:内侄来了,因为日本人在乡下拉壮丁。我怎养活得了他呢?他一顿饭要吃一斤二两锅饼,还得饶上两大碗疙疸汤,才将就着说声饱了!举人公得帮帮忙啊!

他不爽直的把内侄塞给举人公,而这么敲打着和举人公要主意。他知道自己是学坏了,学得像个老狐狸精了。可是,那有什么办法呢。日本人狠毒,狡猾,我们还能只装着傻阿斗,而不学诸葛亮吗?

王举人——一听老郑的央告——感到自己的重要。他要想想看。一想,他和老郑有多年的关系,而这个年轻的人又是老郑的内侄,他为什么不给自己添个心腹人呢?他的男女仆人已经差不多都是日本人派来的侦探,连他每日三餐吃的什么都有人报告上去,他还不应当添个自己人吗!

"把他带来,看看吧!"举人公不肯一下子就答应,而须慢慢的把人情送尽。

石队长,改名叫作李石头,随着"姑父"老郑走进来。老郑在前,他在后!老郑的样子已经够又"怯"又傻的了,他的样子就更怯更傻。他揭去了胸前的假膏药,把破棉袄上所能找到的钮扣都扣齐。一进门,还没介绍,他给举人公请个大安,像前些年衙门里的仆役见着官长那样。然后,他不敢走向前去,而傻不噔的立在门坎内。头垂着,两手紧按在腿上,一双大脚不知怎样才好的动着,正像刚入伍的乡间壮丁头一次排队练操。低着头,他的黑棋子一般的眼可已经把屋中一切的东西都记清。

那一个大安决定了他的幸运。举人公有好几年没看见过这种敬礼了,他决定喜爱这个家伙。

捧着水烟袋,微仰着小尖下巴,举人公很像户部正堂似的,问:"你是李石头么?"

"是!你老赏饭吃吧!"把"吧"说成"掰",他的语言有一种乡民口中的朴拙的音乐。

"你会什么呢?"举人公的音声很轻的,像飞舞的破蝴蝶那么无聊。

石队长抬了抬头,又低下去。

"往前来点!"老郑又表演了一招。

石队长往前凑了凑:"放牛,赶车,挑粪……"

"说那些干什么!"老郑截断内侄话。

"挑水,升火,跑腿,都行!"石队长脸上居然有点害羞,本来吗,在举人公宅子上还能放牛挑粪!

举人公留下了他。他又请了个大安道谢。举人公当着老郑的面说清:每月给这小伙子一块钱的工钱,管吃管住;他得挑水,升火,砍柴,扫院子,跑路,和……举人公相当的满意,一块钱能买这么多的工作。石队长心中说了许多真要命!

老郑把内侄带到下属,不管是十九岁的丫头,还是没有胡子的仆人,一律是内侄的长辈;石队长一一的给作了揖,然后用大手捧着碗，必恭必敬的给大家端茶，他不敢坐下，背倚着门板呆立，看看这位，瞧瞧那位，像个刚抱来的小狗似的。

"照应着点，"老郑也向大家作揖。"他没出过门，有点想家！"

"别说咧！"石队长哭丧着脸。"俺刚忘了，你老又提！"

大家都笑了。石队长也转悲为喜，随着大家笑。

老郑给了内侄一角钱，又托咐了大家一番，才偷偷的去看梦莲。

梦莲的眼上有个小小的黑圈，脸上的皮肤像是松了许多似的。她一夜没曾合眼。晚上七点钟，她就上了床，刚一躺下。她的泪就不知道怎么来的，流满了她的脸。她没有哭，而只任着热泪往外流。一会儿，她迷忽过去，看见一山穿着新衣服约她出城去玩耍。她看见东门外的松林。松林像下过雨后那么翠绿：上面罩着一片没有一点云雾的青天。她可是看不见太阳，所以天是那么蓝，那么静，而没有热力，没有光，好像一种要死的天，蓝得可怕，静得可怕。她害了怕，她想抓到一山的手，而一山不见了。她喊"一山！一山！"树林里回应着她的声音。她把自己惊醒。她的胸口发痒，头痛，泪还在流。

屋内很黑，屋外很黑，她把头蒙上，把自己藏起来，藏在黑暗里。她咬了一咬牙，自己的苦痛须自己受，她不愿意任何人知道一山的事。大家知道了，适足以增加二狗的威风——她和老郑都猜到二狗是凶手——而使王举人更气馁。在被子里，她低声的唤一山，口中的热气碰在被子上，回来，又碰在自己的脸上。

她又到了松林中，一山拉着她的手。她不是那种粗壮的，肉感的，女性；她不肯把肩靠着他的，而只教他握着她的手。可是，有他在身旁，她究竟得到一点别人所不能给她的安全之感。她觉得快活。她不敢想结婚后的一切，她知道治家，作饭。生儿养女，都是使她头疼的事。她只愿意这么淡而不厌的和一山在一处，没有忧愁，没有顾虑，脚底下是柔软的，香甜的松枝松叶松花，头上是绿枝和枝叶间隙中的青天，忽然，他们被包围了，四面都是比野人还狠毒的日本兵，枪弹由四面飕飕的飞来，她想掩护着一山，一山想掩护着她，他们跑由一株大松跑到另一株大松。一个枪弹穿透了他们俩，由他的背后穿入，胸前穿出，又穿入她的背。她抱着他，一齐向上飞，像两个蝴蝶，又像一根箭穿到一处的两颗血淋漓的心。他们飞，飞到很高，一只飞机从他们上面飞过，把他俩碰落。落，落，落，落在一个悬崖上，下面是万丈深渊。她喊了一声"一山！"又把自己惊醒。噢，日本人，日本人，已侵入了她的梦境，而一山是躺在了大槐树下！

一夜没睡，她感到孤寂，苦痛，绝望。有时候，她似睡不睡的，耳中轻轻的响，眼前飞舞着许多像飞尘那么小的金星，她半意识的觉得生与死相距并不远，而且愿意死——死至少会给她一种无忧无虑的安恬。可是，她没有死。很早的，她就听见了父亲的嗽声——举人公上了年纪，每天都起得早。她也起来，轻轻的漱了口，擦了脸，坐在床上等候天明。她决定不教父亲知道一山的死与她的痛苦。

她等着，等着；等着什么？她开始觉得烦躁。她想去狂跑，跑出东门，跑出松林，头也不回的跳在大河内，教河水洗碎了她的身体，洗净了她的苦恼。可是，不能，不能，她不能那么轻轻的赦放了自己。生命是不容易得来的,也不能轻易的舍掉。现在是在打仗,她至少须挺胸向着枪弹走,不能去跳河。

老郑来了。他可是不会花言巧语的安慰人——安慰往往是善意的欺骗。梦莲看见松叔叔,想再哭,可是眼圈辣,泪仿佛已经干了。

"我的内侄来了,举人公已经给了他事作。"松叔叔找不着别的具体的事实,只把这一件浮在心头的事情说出来。

"内侄?"她低声的问。

"一山的朋友,假充我的内侄!"

"他在哪儿呢?"她立起来,心中好像看见了光明。

"别忙!别忙!他会拿着他的时候来看你!"松叔叔不忍再多看这样不快乐的莲姑娘,搭讪着告辞。

梦莲的心热起来。仍然很烦躁,但是心中有了力量。一会儿,她想一山没有死。一会儿,她又以为他确是死了。但是,假若他是死了,就白白死了吗?被疾病夺去生命的,还会诅咒老天爷,而况是被敌人打死的呢?她心中此时的敌人不仅是些短腿的狰狰可怕的敌兵,而是更具体当作为报仇的一种肉靶子样儿的东西。应当报仇,应当把刀和子弹插入那些块会走路的肉里!

她等着。等得不耐烦了,她便向窗外,门外,望着。她希望看着一个新的面孔——一山的朋友。这个人一定会给一山报仇!

倒好像松叔叔有意骗她,她看不到那个新面孔。室外的每一个脚步声,都使她心里乱跳,可是她所希望见到的人没有来。

天擦黑的时候,举人公出去有应酬。院里的侦探们全都仿佛怠了工,各自去找休息的方法。梦莲点上了灯,拿起一本一山送给她的书,对着书名发楞。

一抬头,她看见个新面孔,一个七棱八瓣的面孔,他手里提着一把铜壶,壶嘴儿冒着一点热气。他什么时候进来的?不知道。他立在门板前,仿佛是怕把自己的影子印在窗子上。

看她没有动作,他极快的走过来,把背倚在山墙上。

"我姓石,一山的好朋友!"他的黑棋子似的眼对准了她的,声音很低,很恳切。"我奉命令到这里来工作,你得帮助我!不许再哭,帮助我给一山报仇!有什么事,写在皮鞋里,喊我来擦皮鞋。不要对我多说话!我告诉你什么,我会自己拿定时候来看你!对举人公,对二狗,你要敷衍,套他们的话。不要净想一山,得想给他报仇!"没等她说话,他把一壶热水倒在脸盆里,然后当声的说:"要水就喊俺一声,俺小名儿叫石头!"说罢,大脚噗噗喳喳的走出去。

梦莲看着他走出去。她的身子立不起来,也忘了怎样说话,她好似受了催眠术。

她的心跳得很快,可是也很有力,很痛快,就像看着耍真刀真枪的武戏时,刀或枪刺过去,而并未真的刺着的那样。她觉得她也有了事作,她自己会跳上台去,耍一套刀枪。她已不是梦莲,一个没办法的,可怜的梦莲,而是一个必须作些什么的角色。抗战的热气充满了她的全身。

二十二

石队长甚忙,可是也很自在。他的心里极忙,忙得像刚开春的蜜蜂。他的脸上和身上可是沉稳的像个老牛。王宅所有的人都喜欢他。他不常说话,可是只要一开口就招人笑。他的嘴很甜,一张嘴不是"二叔"就是"四大妈"。他的手又很勤,人家的眼睛向茶壶那边一转,他马上端过茶去;人家刚要欠身,他过去把火添上。他有力气,又不偷懒,他一个人作了三个人的事。

他并不教大家起疑心,因为他替他们作事,并非故意的讨好,而自有他的打算——一种狡猾的诚实。他常常念道:"俺可就是吃的多咧!"大家放心了他,他的热心帮忙,敢情是为多吃一口。于是,四大妈在餐后,还给他藏起两个大饼子来。

他不爱多说话,可是抽冷子也会说个顶放肆的农村间的笑话,招得大家把肚子笑疼。别人笑,他板着脸。女人们脸红了,他满不在乎。连男带女都善意的指着他说"真是活宝!"

在他的种种工作中,他最喜欢挑水。自从他上工,王宅的水缸,坛子,罐子,永远是浮着沿儿的水。一看缸中空了四分之一或五分之一,马上他挑起水桶就走。他不仅到离王宅最近的井去汲水,他各处去找井,他的理由是试一试各井的水，看看哪一口井的水最甜。

当他挑水桶在街上走的时候，他的眼睛给同他来的弟兄们点了名。他们谁也不招呼他，大家的眉毛往上一挑便彼此会意。有的面向南，手抓抓头，他知道了：这家伙是住在南门外。有的用手摸摸鼻子，他知道了：这家伙已住在城内。他不用向他们作暗号，因为他的水桶上有很显明的"王宅"两个字。他把水桶换换肩，他们知道了：要小心。他把水桶放下，休息一会，他们晓得等候命令。

他真勤，真爱挑水，王宅的人都晓得了他有挑水的瘾。看他，当挑出空桶的时候，他故意的教水桶左右的摇摆，口中哼唧着又像老鹰叫，又像是一种什么古怪的梆子腔，他的快活简直像每顿都吃肉馅的饺子似的。当把水挑回来，离朱漆大门不远的时候，喝，他一手扶着一头的绳子，水桶纹丝不动，他的大脚像在地上弹似的，快步如飞。直到晚上入寝，他才摸着肩上红肿起来的肉，偷偷的说几声：真要命！

他不敢早睡，也不敢晚起，他怕夜里说梦话，教别人听去。别人都睡了，他才睡；别人都没起来，他先起来；这样，他才放心自己。他很疲乏，有时感到焦躁，可是他须管住自己的脾气——真要命！

在井台上，他遇见了李德明——也挑着一副水桶来打水。石队长一边汲水，一边下命令："你回去报告这里的情形，赶快回来！不容易进城，就到老郑那里去，他会帮忙！"

李德明迈步就走。石队长急切的说："水桶！真要命！"

文城的人这几天颇有点死而复活的样子，而敌人的检查与防备也就更严的，所以石队长告诉李德明"不容易进城，就去找老郑。"

文城的人们不晓得军情，但是敌军一调动，他们便想到国军来反攻。他们的苦痛无法解除，他们的耻辱无法洗刷，他们的生命无法得到安全，除了国军反攻。在最初，他们怕敌兵。后来，他们恨敌兵。现在，他们觉到敌兵是应当被杀死的东西。敌兵的调动多半是在夜里，文城的人们在晚上九点钟就不敢出门，可是他们的耳朵并没有聋。他们听到城外火车的不断的响声，城内路上的马嘶与车声。他们不能入睡，不约而同的想到"里应外合"。假若国军真攻到，他们愿意拚出命去参加战斗。他们觉得唐连长虽死而并未曾死，他永远活着，光荣的活着。他们才是真死了呢，虽然还带着一口气。

他们收纳了石队长带来的人，冒险！但是他们愿意冒险，只有冒险才能救活他们自己。他们没有打听，而自然的认识了王宅的新来水夫。他装得那么像；但是他瞒不了大家：大家久希望来个英雄；现在，英雄来了！

像蚂蚁相遇，彼此碰一碰头上的须，像蜂巢有什么危机，蜂儿们马上都紧张起来，文城的人们虽然没有任何显明的表示与动作，可是全城都有一种不活动的活动，不言而喻的期待，安静的紧张。像听见树叶飘落，便知秋已来到似的，王举人的心里也有些不安。他知道的比大家更多一点，可就也更多一些不安。他知道敌兵是出去消灭山下的军队，可是他知道出去的敌军已经有不少已经回来——带着彩，或已经一声不出了。

他常常无缘无故的出一身冷汗。假若国军攻到，他怎么办呢？是的，他是为保护他的生命财产才投降的；但是，这是个可以邀得谅解的理由吗？他觉得自己是已立在悬崖上，一阵风便能把他吹下去——粉碎他。他没有从什么气节,名誉上着想而忏悔,他只后悔投降了敌人而仍不能安全。这种后悔慢慢变成愤怨,恨老天爷为什么把他放在这个地方,这个时间,教他前怕狼,后怕虎的受罪!

正是在他这么怨天尤人的时候,石队长把带来的信交给他。

"怎么?你——"王举人的脸上白得像张纸。

"我是石队长,请你写回信!"

"写回信?"

"到了你将功折罪的时候了!"石队长的话像预备了许多时候的,简单扼要的。

"我并不知道多少他们的事,你看……"他说不下去了,他的喉中被一股怨气噎住。

"从今天起,你得设法多知道点他们的事,告诉我!"

"干什么呢?"

"我们好反攻!"

"反攻?又打仗?又——"他以为日本人既攻下城来,文城就从此不会再有战事,一直到他整整齐齐的入了棺材。他死后,日本人是永远占据着文城呢,还是国军再打回来呢,便与他一点不相干了。

"当然!快写信!我给你半天的限,你要是想陷害我呢,我还有许多同伴呢,会在一点钟内要你的老命!我挑水去啦!"石队长很有礼貌的走出来。

王举人足足的发了半个钟头的楞。弄来弄去,原来他自己的家里就是个战场——两边的人都有,说不定什么时候就动手打起来,怎么办呢?

他不敢多在家里，谁知道什么时候石队长一变脸，就把他打死呢！

他也不敢多到维持会去。平日，他只截三跳两的去一会儿，有什么要紧的公事，自有人送到他的家里来。现在，假若他天天去，而且东看看，西问问，岂不教日本人疑心他么？没办法！

这时候，梦莲来了，他吓了一跳。他仿佛已经不大认识了她，他很喜欢看见她，可是又觉得她很疏远，疏远了已经好久好久。

她很瘦，眼上有个黑圈，好像刚才病过一场似的，可是，她的脸上带着一点琢磨不透的笑意。

"爸爸！"她的确是笑了。

"干什么？"

"二狗这两天怎样？"

"什么怎样？"

"那件事！我想啊，爸爸，一山大概是死了！"她低下头去。

"怎么？"

"老没有来信了！"她抬起头来，赶紧又低下去。

"噢！"他燃着了火纸，想了一会儿。"你想明白了？二狗不坏！"

"我是这么想，咱们跟二狗亲密一点，他好多帮你忙！这两天，"她望外打了一眼，把声音放低，"外边好像又乱。他要是多告诉咱们消息，兵来将挡，咱们好有个准备呀！"

"好孩子！对！"举人公要笑，但只抿了抿嘴，表示出自己有涵养。

这时候,大门内有人发威——二狗的声音。

二狗进大门。石队长挑着满满的两大桶水也进大门。他往旁边一闪,为是让开二狗,可是水桶一歪,洒得二狗的皮鞋与裤腿上全是水,二狗的小眼瞪得无法再大一点,"混账!混账!"

石队长放下水桶,解开破袄,脱下来,跪下,给二狗擦鞋嘴中唏唏的干出气,他说不出什么来。

二狗的气消下去一点,口中还骂着,可是没有前两声那么有力了。"滚开!越擦越脏!"

"我叫石头,乡下人!"石队长羞惭满面的慢慢往起立.轻轻抖着破袄。"老爷!你要教俺赔,俺可赔不起咧!"

梦莲在二门里向外探了探头。二狗立刻摆出宽大与漂亮:"谁教你赔?赔得起!"说罢,疾步往里走,希望追上梦莲。她已经走出相当的远,但是忽然立住,回了头,二狗的眼晕了一小下。

二十三

真要命！就是那么故意的把水洒在二狗的皮鞋上，石队长教二狗认识了他。

拿好了时候，他又找到梦莲："给我个戒指，要金的！"他指着她的手。

她把小手垂下来，像要把它藏起来似的。她手上的戒指是一山给她的。

愣了一小会儿，她极快的打开梳装台上的小抽屉，拿出个金戒指来，交给他，她完全信任石队长，不想细问什么，她是书香门第的女儿，她丢得起一个戒指，即使石队长是有意骗她。

石队长用手掌掂了掂戒指，笑了一下，走出去。

借了一件干净的蓝大褂，石队长去拜访刘二狗。到了刘宅大门，他很客气的求门上给他传进去："王举人那里来的人，王小姐派我来的！劳驾了，你老！"

二狗的卧室很大很低很黑。屋子很大，但是没有什么空气。门关着，窗户都用厚纸糊得严严的。屋子很大，可是几乎没有下脚的地方。床上，地上，桌子上，全乱堆着东西，而且应当在地上的是在桌上，应当在桌上的反倒在床上。在这些乱七八糟的东西中，颇有几件玩具，什么兔子王，铁片作的小炮车，和走马灯，都占据着较比重要的地位。二狗喜爱玩具。他也喜欢动物,壁上挂着四五个鸟笼,有碧玉鸟,小黑八哥,和画眉;鸟们由食罐中弹出来的谷粒和谷皮洒满了地。桌上,有一玻璃缸金鱼;缸上扣着二狗的一顶帽子,小金鱼因为缺乏空气,都斜着喘吸着最后的呼吸。地上,在痰盂夜壶果子皮脸盆之间,爬着一条大狼狗。这是个有家具与玩物的小动物园,腥臭,杂乱,黑暗。这里的最重要的动物是二狗,穿着洋服。

石队长一进门坎,眼前一黑,几乎呕吐出来。他还什么也没有看清,手上已觉得有个什么湿渌渌的东西在舐他。

"夜司!"二狗的声音,在呼叱那条大狼狗。他只知道说一个英国字,"夜司"。狗是外国种,当然得有洋名字,因此它便成了有毛的"夜司"。

夜司——假若"狗像主人"的话是真的——是狗中的坏蛋:它永远先舐人家的手或向人摇尾求怜而后冷不防的咬住一口肉不撒嘴。它连三岁的娃娃也照样的咬。

"夜司!"二狗赶过来。

夜司向它主人翻了翻白眼,喉兀兀的响了一阵,才又爬在盆子罐子之间,端详着石队长的大脚。

"你?"二狗没想到梦莲会派这个愣家伙来。

"就是俺!那天俺太对不起咧!"

"你出去!谁稀罕你来道歉!"二狗指着门,夜司的耳朵又竖起来。

"王小姐教俺来的!你看!"石队长用戒指晃了二狗一下。"王小姐跟俺姑父好,俺是她的心腹人咧!"

"你坐下!"

"俺不敢咧!"可是,石队长把倒在地上的一个凳子扶起来，大大方方的坐下了。"俺家小姐可想你咧，这不是她的戒指？"他把戒指端端正正的放在手心上。

二狗浑身的每一个汗毛眼都炸了一下，伸手抢那个戒指。

石队长的大手一扣，把戒指扣住，"你老坐下！听俺说！"

二狗被催眠了过去，乖乖的坐下。

"丁一山是怎么死咧？"石队长的黑眼珠像钉子似的，把二狗的灵魂钉牢。

"她知道了？"二狗问。

"她怎会不知道呀！她没疑心你，你是她的好朋友咧。"

"一定不是我！"二狗心中松了一口气。

"她爱的是你和丁一山；一山死啦，她不爱你还爱谁？可是，你得告诉我，谁打死一山的？"

"我，"

"你听着！"石队长越来越起劲。"你听着！你要是知道谁是凶手，把他逮住，给一山报了仇。教城里的人都知道一山死了，王小姐才好大摇大摆的跟了你，是不是？看，"他把大手打开，又露出一次金光，"王小姐说咧，把一山的尸首找到，好好的发送．她就跟你定婚咧！"

二狗沉默了好大半天，他决定牺牲田麻子。

"梦莲是真心实意吗？"他问。

"给你！"石队长把戒指拿起很高，手指一松，戒指落在二狗的手掌上。

二狗觉得手掌上似乎落了一滴烧滚了的油！

"想想吧！"石队长继续训话："人家一位千金小姐，把戒指给了你，是闹着玩的事吗？"

二狗看看手上的金戒指，看着看着，手指一拳，紧紧的握住它。"好！田麻子！"

"开烟馆的田麻子？"

二狗点点头。

"好！俺走咧！"石队长立起来。"俺走咧！"石队长立着不动。"俺走咧！"石队长反倒凑到二狗的身旁。"大爷！不给俩酒钱吗？你大喜咧！"

二狗掏出来一块钱。石队长笑着把钱放在桌上。"俺走咧！"二狗把一块钱收回，换了一张五元的票子。"给你！"

石队长还往外走。二狗赶过来，塞给他两张五元的票子。"道谢咧！"石队长走出来。

在路上，石队长看见一位弟兄，石队长和他碰了个满怀，把两张钞票换了手："买几斤肉吃，不准喝酒！"

石队长把田麻子调出东门来。在关厢外大槐树那里，他埋伏下两个人。

田麻子很有些武艺，十年前，他还能客串武戏呢。酒、色、烟，毁坏了他的身体，但在必要时，他还能手疾眼快的应付两下子。高身量，长脸，三角眼，脸上有些细麻子，他的嘴唇老在颤动。

一见石队长，田麻子的心里就明白了一半。他知道，假若不跟着这个家伙走，马上就得出岔子。他的三角眼是不揉沙子的。

快到了大槐树，田麻子的长而黄暗的脸上出了汗，嘴唇颤得更厉害了。"你到底要干什么？"他烦躁的问。

"到时候告诉你！"石队长的大手握住麻子的手腕。

麻子是练过工夫的，他想用技巧补助力气，抽冷子翻过手腕来。但是没有用。石队长的手像个扣紧了的铐子，杀得他的肉生疼，麻子无可奈何的笑了："松松我！我走就是了！"

到了大槐树底下，石队长松了手。

田麻子一个箭步，蹿出去，把身子半掩在槐树后，要掏出家伙来。石队长哈哈的笑了。两个弟兄从后面把麻子的腕子和脖子同时攥住。枪被夺过去，一搡，田麻子的嘴，颤动着吻了地。两个人又藏起来。

"起来！"石队长抓住麻子的衣领往起一提。

田麻子坐起来，长脸像犯了烟瘾似的出着汗，颜色变成暗绿的。

石队长指着树下，"田麻子，我的朋友把血流在了这块！"

"不是我！不是我！"麻子的脏而黄的手指也颤起来。

"二狗都说了！骨气点，好汉作事好汉当！"

田麻子的三角眼向下扣得更厉害了，自言自语的："二狗卖了我，好个王八蛋！"

"你有两条道好走：一条是教我把子弹放在你的脏臭的脑子里一两个。别以为你在日本人手下，我就毙不了你；正因为你给他们作事，我才要毙你，什么地方我都能毙了你。另一条是改邪归正，跟我作事。你自己挑吧！"

麻子半天没说话，最后，他出了声："还有第三条道，我去打死刘二狗！"

石队长摇头，"没有那么便宜的事！打死二狗，你偷偷的逃跑，太便宜！你是哪国的人？"

"嗯？"麻子好像没有听明白。

"你是哪———一国——的人？"

"中国人!"田麻子低声的说。

"完了!中国人不给中国作点事?"

"我能干什么呢?"麻子啃了啃指甲。

"他们俩,"石队长指着树后,"从今天起,就住在你的烟馆里。给你,这是一百块钱,他们俩的房饭钱。你探听来的消息,告诉他们俩。可以吧?"

"探听什么呢?"田麻子的脸上松润了点,用又脏又黄的手指数着钞票。

"听着!日本人在哪里藏的军火最多,先去打听明白!你能进到司令部去?"

"跟二狗进去过!"

"他们都认识你?"

田麻子点点头。

"去偷作战的地图!"

"那?"田麻子的三角眼瞪开了。

"有你的好处!三天内地图到手,有你五百块钱!"

"我,我,"田麻子咽了两口吐沫。

"你试试?"

"我,我,试试!"

"好,你同他们俩走,"看田麻子立起来,石队长又把他按下,手指指着他的鼻尖,"你要是耍坏,不好好作,我随时教你的血也流在这里,给我的朋友报仇!"

二十四

文城有空袭警报,天空来了十一架中国飞机。城里的人们听着那空中的有规律的响声,心里跳动的很快。石队长的心跳得最快。他觉得在他腰中睡觉的手枪应当马上醒来,作点什么了。

由田麻子的情报中,他知道了小城隍庙里的军火最多,而且守卫的人很少。由城外的弟兄们的报告,他知道车站上有大批的棉花,就要往北运走。他下了命令:在城外的就住在城外,不必进城来;什么时候听到城里动手,都焚烧棉花和其他值得消灭的东西,工作完成,他们在城外接应由城内往外冲的弟兄们。对城内的弟兄,他的命令是四门同时放火,分散敌人的兵力,而后一小股包围司令部,而主力去偷劫城隍庙。假若敌兵太多,不易得手,大家应当都集中到城隍庙一带,随时听候命令,他自己必定在那里。王举人的,刘二狗的,和别的两三个地位较高的汉奸的,房子,都是放火的地方。他要教汉奸们知道点国军的厉害。

全布置好了,他的心中成了一片空白。买了一大堆煮地瓜,连须带皮的吃下去,吃得他胃中直冒酸水。他等着李德明回来,才能发令教大家动手。他觉得他的布置非常的周密,必定成功,所以不愿再去多想。他只盼着老李快快回来,好快快动手,痛痛快快的打上一场。

天黑了，李德明还没有回来。石队长急得头上出了汗。不是慌，是急。他怕夜长梦多，不定什么时候就出了岔子。当兵多年，无论在怎样危险的时候与地点，他都不懂得害怕。但是，他怕误了时机而损失了自己的弟兄。他自己什么时候死，他向无顾虑；可是他不能因为不谨慎而白白送了弟兄们的命。

对梦莲的安全，他本应当不管；那不是公事。但是，为了死去的朋友，一山，他在情义上又不能不管她。这很使他为难。她是个娇生惯养的小姐。假若不幸因保护她而使公事出了岔子，那可怎么办呢？想来想去，他决定只能给她个警告，教她赶快逃避开。她若听信呢，算是他尽了朋友之谊；她若不听从呢，也就无法。

可是，当他在街上办事的一会儿工夫，王宅已发生了"不幸事件"。

二狗戴着梦莲给他的戒指，来向她求爱。他的永远像肉蛆那样扭动的身体，现在像中了电似的那么活动；胳臂，腿，脊背，屁股，都在动，好像四肢百体都要分家似的。他的嘴张着，眼睛只剩下一条缝，满脸都是笑纹，像一条野猫在发笑。

梦莲，没有忘了石队长的嘱告，想和他敷衍。她讨厌他像讨厌一条丑恶的蛇，但是她必须忍耐；为了给一山报仇，她不敢发脾气。

一看见他，她的脸上立刻发了白，脸似乎忽然缩小了一圈，眉头拧在一处，满脸上起着小冷疙疸。费了极大的力量，她才把眉头解开，勉强的一笑。她恨自己这样挤出一点笑意来。可是，为了一山，为了文城，她不得不这样作。她已不是一位小姐,她应当作个对抗战有用的人。心中这样一算计,她心中平静了许多,脸上的小冷疙疸都退了下去。她希望二狗好好的坐下,和她谈一谈;在谈话中,她好探听敌军的动静。

可是,二狗并不肯坐下;他浑身抽动着向前走。

"坐下!"梦莲的声音很低,可是很有力量。

二狗的嘴角插到腮部去,扯成一条长缝。他抬起左手,用右手的食指指那个戒指。"凄!凄!"他口中响了两声。

"你坐下!"梦莲想阻止他的前进。

他还往前凑。腰部扭了扭,匆忙的用手抓了抓腰杆。而后,几乎是一步,迈到她身前。他浑身发着痒,发着烧,发着臭气,逼近了她,像一块放在火里的生铁,冒着臭味,发着热气。梦莲感到一股臭热扑来,她噎了一口。她要发怒。她又抑制住自己。把声音提高,带出厌恶与无可如何的神气,说:"坐下!"

他的脸上不再笑,小眼睁开,身上颤动着,楞了一小会儿。忽然的,他的手抓住她的臂,从牙缝里挤出:"你过来!"他猛的往前一拉,她的肩碰到他的胸。

梦莲的血流涨了小脸。她不能再忍受。想往外夺她的臂,可是被他抓得很紧,夺不出来。他的另一只手搂住她的腰,头低下来:"给我!"他向她求吻。

她往外夺胳臂,夺不动。他越握越紧,她感到疼痛。他的唇已碰到她的腮门上;热,臭,使她恶心。她闭住气,低着头,拚命夺她的胳臂。但是没用。他已经疯了。他急,喘,一股股不好闻的热气吹到她的头发上,脑门上。她没办法。泪来到她的眶中,她咬住嘴唇,还拚命的挣扎。

她抵御，他进攻。他的脸红起来，眼中发出含着毒素的光。像个搂抱住人的猩猩，他要把她搂碎。她的头发乱了，眼已被泪迷住。她盲目的挣扎。虽然已经筋疲力尽，她还不敢停止抵抗。她知道一松懈，她便丢失了一切。

"给我！给我！"他喘息着低叫。

幸而，她穿着皮鞋。忽然的，她想到脚下的利器。她挣扎着调动，把脚抬起，把鞋后跟像个小钉锤似的砸在他的脚指上。

"哎哟！"他像受了伤的野兽，叫了一声。他撒开了手。

她急忙往外跑。

他顾不得用手抚摸脚指，极快的去挡住她。"哪里跑！"像一座罪恶的十字架，他的双手左右平伸挡住了门，他的洋服上全是摺皱，领带歪在一边。他的脸由红而白，小眼睛狠狠的放出毒光。"给了我戒指，就得让我×！"他喘息着说出实话。

她往后退，抓到剪刀，心中安定了些。不，她不能刺杀了他，她的责任是敷衍他，套他的话。当她在他的手中的时候。她没法子不抵抗。她本能的要保卫自己，保卫那比身体更重要的，那比历史还久远的，一点什么近乎神秘的东西。现在，剪刀在手，她把那点顾虑减轻，而把注意全移到石队长的嘱咐上来。她既要保卫自己，像任何一个女性所必为的；同时，她也要敢于战斗，像一切在抗战中英勇的女性那样勇敢。她不大会作这些，但是她必须去作；私人的，文城的，全国的，仇恨，逼迫她必须去作。她把气壮起来。

"不用挡着门，我不跑！"她随便的用手理了理头发。

"跑？你敢喊一声，我就枪毙了你！"他垂下手来，摸了摸身上的枪。他确是急了，像一条发了性的野牛那样着急。这时候，梦莲在他眼中只是一块泄兽欲的肉，得不到这块肉，他就打死它。

"我不会喊叫！"梦莲轻蔑的一笑。"我给了你我的戒指，还能反悔吗？你想想！"

"你想想"这三个字，在这种时节说出来，有多么不合适；可是，唯其极不合适，仿佛才有些特别的，想不到的作用。他开始思索。

"你要我！"他楞了一会儿才这样说。

梦莲并不愿和他多费话，可是唯有费话才能教他的野性慢慢的减退。"谁要你？我要你干吗？"

这些没用，无聊的话果然教他心中痛快了些；他的智力只能欣赏这种没用无聊的驳辩。他笑了。

他凑近来一点。不是强迫，而是央求："给我！"他等了一会儿。见她不语，他找补上："你要什么，我给你什么！你知道吗？新近来的东洋官答应了我，教我作会长。以前的东洋官们要礼物，不要钱；新近来的这位要钱，也要礼物。我已经送过去这个！"他得意的伸出三个手指，颇像童子军行礼似的。

"三万？"梦莲故意的摆出笑脸。

他得意的点了点头。"反正你爸爸也老了，这不算我顶他。他退下来，我上去；我是会长，你是会长太太！你要太阳，我都可以给你掰下一块来！好不好？好不好？给我！给我！"他又慢慢的往前凑。"你已经是我的人了。何必呢，早晚不是一样？"

梦莲不敢假作媚态，那适足以引逗他的火。同时，她也不敢太强硬，惹翻了他。她只摇了摇头。然后，她把眼钉在他的脸上，教他知道她一点也不怕他。"等一等！婚姻大事，哪能这么潦草？我问你，这些日子，城外是不是打仗呢？"

"打呢！关你什么事？"

"打的怎样？"

"我不大知道！"

"你还会不知道？"

"东洋官不说打仗的事。"

"嗷！你一点也不知道？"

"嗯，知道一点。大概中国兵打了两个胜仗，都退了！"

"都退了？"梦莲的心沉落下去。她想：假若国军撤退，石队长就也必不久离开文城；一山的仇怎么报呢？假若不能报仇，她何苦忍辱受耻的和二狗敷衍呢？她想立刻用手中的剪刀！

当她这样横心的时候，她的泪反倒无可遏止的流下来。她想起来一切。一山与她，都这么年轻，可是一山已经死去，她也得结束她的性命！她不怕死；因为死，在敌人的魔掌下，已是家常便饭。她只是觉到一种孤寂——到死的时候，还没有一个亲人安慰她几句。不错，死后也许能和一山在一处。可是两个魂是否还有青春所应有的愉快呢？

偷偷的把剪刀藏在背后，她看着二狗往前凑。

二十五

假若二狗再前凑一步,虽然他不一定死,可是梦莲的剪刀必会刺伤了他;自然,也许他的手枪会打死梦莲。

搁在平日,二狗与梦莲无论如何也不会凑在一处,演一出喜剧或悲剧。战争,可是,动摇了一切,改变了一切。它使正与负会同时立在一处,良与恶同时昌旺。它不但杀人也要消灭人间的正气。人,在这时候,须胜过战争,才能使正义胜利。被炮火烧杀恐吓住的,一低头,一屈膝,便把自己从国民的名册上勾销了。把一时的利益看成千载一时的机会的,便丧失了永生。梦莲很弱,可是有一颗安正了的心。只要她的一点热血沸腾起来,她便会胜过了战争。她未必能刺死二狗,但是她的决定是和正义一样伟大的。

正在这个时候,田麻子来找二狗。

"你来干什么?"二狗发了脾气,因为田麻子打断了他的求爱的进行。

田麻子的三角眼往下扣了两扣。"有要紧的事!请你老出来!"

"什么要紧的事?就在这儿说吧!梦莲不是外人!"二狗指了她一下。

"梦莲"从二狗口中叫出来,使梦莲的胃部向上翻了一下。可是,她压住气,勉强的摆出点笑容,向田麻子说:

"对啦，就在这儿说吧！"她要听听他们的话。

田麻子的暗黄色的脸上显出为难的样子，他不愿当着梦莲的面谈话。

"他妈的你说呀！"二狗对田麻子没有好气的说。他决定不离开梦莲。"这，"他又指了她一下，"是我的太太！"

与其说是因害羞，不如说是因发怒，梦莲的脸一直红到了耳根，她咽了一大口吐沫。咬上牙，她决定再忍耐。

田麻子的嘴唇颤动了几下，而后将三角眼闭了一小会儿："那么，待会儿再说吧！"他要往外走。

"回来！你又闹什么鬼呢？说！"

田麻子无可如何的立定。

"说呀！你有什么毛病吧？"

麻子也咽了一大口吐沫。凭他当年的工夫武艺，他看不起二狗。凭二狗的出卖他，他恨二狗。可是大烟毁了他的身体，也消灭了他的志气。他得服从二狗，巴结二狗。

"什么事？"二狗急于听完话，把麻子赶走，好继续向梦莲求爱。他心烧着一把欲火，而只有梦莲的屈服才能使他心中平静；他决定教她屈服。到必要时，他会掏出枪来。

"那什么，那什么，"田麻子的嘴唇像秋风吹动的树叶，一劲儿颤动。他老想作坏事，因为只有为恶才能赚来大烟。他又老不能忘去当年的英勇漂亮，而当年的光荣是以义气为基础的。英勇与衰颓，义气与作恶，在他心中常常交战；他常常后悔。可是，大烟使他的后悔失去改过的决心，他越后悔，越颓丧；结果，他常带着悔意去作恶，后悔反给他自己一点安慰，他会绕着圈子原谅自己。

"到底是什么呀？"二狗催了他一板。

梦莲轻轻的坐下,揉了揉太阳穴,她觉得头痛。

"那个——"田麻子又迟疑了一下。"你看看去吧!大概王举人教他们给'请'了去啦!"

梦莲听得出那个"请"字是另有一个意思。在文城,被敌人绑去的与被请去的都会永远"失踪"。她极快的立起来,想问个详细。可是,她说不出话来。不错,举人公是她的父亲,而且是极慈爱的父亲;但是,由国家民族的立场来说,他是汉奸。她没法不关切他,又没法不怨恨他。她不能只顾父女之情,而把更大的事情忽略了。

"教谁请去的?"二狗问。

"东洋人!"

"什么时候?"

"刚才!来了四位宪兵!"

"为什么?"

田麻子的唇动了好几动,但是没出一声,他的三角眼往下扣着,不敢看梦莲。

"为什么?"梦莲凑近,问了声。

麻子的嘴唇颤动得更厉害了。

"你去看看吧!"梦莲假意央告二狗,"他是我的父亲!"

"对!他是我的老丈人!"二狗得意的笑了笑。"我去,马上去,马上回来;你等着我!"他用手摸了她的脸蛋一下。

二狗往外走,田麻子随着。梦莲一把抓住麻子的腕子,"你等等!"

田麻子的绿脸上出了汗。

杀一山的是他,他知道一山是梦莲的未婚夫。现在,他又陷害王举人,梦莲的父亲。他不怕杀人,但是他始终没有完全杀死自己的天良。同时，梦莲是这么瘦弱，纯洁，正道，他觉得对不起她！

"来！告诉我怎回事！"梦莲扯住他的袖口。

"姑娘！你快走！一刻别再耽误，快走！"

"走？"

"逃命！"田麻子的汗出得痛快了一点。"我无恶不作，我是坏蛋！可是，我愿意救你的命！快走！"

"到底怎回事呢？"

"不要再问，赶快出城！我对天鸣誓，我没对你扯谎！"说完，他夺开胳臂，像条钻出网眼的鱼似的跑出去。

梦莲想镇静一会儿。但是，一山、二狗、石队长、父亲、文城、敌人、战争……像同时烧起的火头，她不晓得应当先去扑救哪一个。她想倒在床上去慢慢思索，但是二狗的压迫，父亲的被请去，与田麻子的警告，已经使她感到危险；这已不是慢慢思索的时候！她身上出了汗。东看看，西看看，她决定不了什么。可是她的脚自动的往外走。走到门口，她又赶快走回来，她用力扯开抽屉，抓了一把戒指一类的首饰，塞在口袋里。然后，她抓起件大衣，披在身上。披上了大衣，她更慌了。她仿佛已经看到危险。腿上的肉发着颤，她匆匆的走出去。

经过外院，她往父亲屋中打了一眼，没有人。她想进去看看，可是她的发颤的腿不敢停。她像被什么恶鬼驱赶着似的走出大门。她着急，恨不能一步跨出城门去。但是，她不敢跑，恐怕惹起注意。她不快不慢的走，每一步都踏在针尖上。她觉到不能忍受的寂寞孤独。她已经失去可以作她的终身伴侣的一山，现在她又失去了父亲，失去了家。她舍不得家,但是她决定不再回去,而且不敢再多想;她知道再往下想,她的腿就会软得不能再走一步。

她切盼遇见石队长。她的眼往四处瞧,希望能从行人中把他找到。找不到他。她的脚步慢下来:上哪儿去呢?

她的脚步又加快了:她想起松叔叔。她出了东门。松叔叔的家好像比她自己的家更美丽,更安全;松叔叔的家是她能得到自由的起点。她加速了脚步,她看见了希望。她想起当初为和一山定婚而逃往松叔叔的家里那一幕喜剧。那时候,她是多么幼稚,天真,可是也多么快乐自由。那时候,她的唯一的敌人是父亲,而父亲也不过是只要多管点闲事,并没有,丝毫没有,伤害她的意思。现在,她变了,变成了个没有快乐与自由的人;她须用她的脑子、眼睛、手、脚,去对付真正的敌人——她自己的,也是全国人的,敌人。她感到孤独、难受;可是也有点得意:人是要长大的,不能老是小孩子。她低着头看了看自己的脚,鞋上满是黄土。她觉出来,她已不是个孩子,而是个小妇人,一个没有结过婚就守了寡的小妇人,一个失去一切而还得挣扎奋斗的,一个由无忧无虑而变为家破人亡的小妇人。什么是前途?谁知道。她只知道她须向前走。她不能再退回去。生命、年岁、遭遇,都不能向后退。她得勇敢的前进;过去的不会再回来;眷恋、怨恨,是最没有价值的。她觉得孤独,可也觉出点独立的精神;她感到前途的空虚,可也感到一种渺茫的充实;生命的力量会把空虚填满,使它充实。

这时候,已经是下午三点钟。昏黄无力的太阳像要偷懒早睡似的,已离西面大山的山头不远。大地上薄薄的罩着一层比雾干燥轻淡的烟,给山、林、房屋,一点寒意与淡淡的灰色。寒鸦成群的缓缓的飞,彼此相怜相唤。梦莲不敢往远处看。大地上的寒、远、荒、静,使她害怕。她的身上已出了汗,而脚上更加了劲,她几乎是小跑着了。她只盼快快到了松叔叔的那片松林:松林的茅舍会给她安全与温暖。

离松林不远了,她放缓了步儿,喘喘气。微淡的阳光使松树的绿叶发黑,朝西的树干上有点微黄。黑绿的松叶上是浅灰的天。她不愿再看那天上的使人心寒的颜色,她愿立刻钻进松林去,那黑绿的松叶好像是一团团的最有力的什么神秘的东西,会抵抗风雪冰霜。从前,她总以为这一片松林是一首浪漫的诗,是情人们幽会低语的地方。现在,她觉得松林代表着力量,没有半点浪漫气息,而是老老实实的立在那里抵抗着风寒。她自己应当坚强,像那些松树似的。

她看见了松叔叔的草房。草房的顶子也是灰黄的,可是在她眼中却好像有些和暖的热气与金光。她向着那光亮的地方飞跑,希望立刻看到松叔叔的和善面孔。

离茅屋有五百多步吧,地上有三尺长的一块红的东西。天是灰的,山是灰的,太阳是灰的,四处的烟雾是灰的;在这灰寒的世界里忽然看见一块红,梦莲的眼睛昏花了一下,她立住了。她想不起那应当是什么东西。眨了眨眼,她看明白,那是一个村妇的红棉袄,那块红在动。她想出来:一定是铁柱的媳妇在掘白薯或是萝卜。

那一块红的左边有个小小的田埂。田埂的那边蹲着一个男人。梦莲只能看到他的头与背的一部分,下面都被小土岗儿挡住。她猜:那是铁柱子。

梦莲不想惊动这小夫妇。她向右走,想擦着松林走到草房去。同时,她还有点不大喜欢这小夫妇似的,所以想躲开他们。平日，她因为爱松叔叔，所以对小夫妇也有好感。今天，她看小夫妇在田间工作，而她自己是逃亡，不由的有一点忌妒。

离草舍有几十步了，她听到一声尖锐的女人的喊叫，尖锐得像要把静静的天空划破！她立住，未加思索的向郑家媳妇那边看。那块红的东西已被一个敌兵搂住。她的心要跳出来。她往前跑了两步，想去救那个媳妇。可是，她没有武器，她的热心只足教她去自投罗网。她又立定。这时候，那蹲在田岗后的人，像忽然从地里钻出来似的，手中拿着条黑的东西，扑了过去。梦莲忘了一切顾忌，不由的喊出来："打！"黑的东西落在敌兵的头上，敌兵晃了几晃，红的衣服又全露出来。由田岗的后边发出枪声，小郑直挺着身躯，脸朝下，倒下去。又是一声尖锐的狂喊。红棉袄在动。又一声枪声，红衣服也倒下去。

梦莲向草房狂奔，一边跑一边喊：松叔叔！松叔叔！没有回应。她跑进了茅屋，没有人。松叔叔！松叔叔！极快的，她把茅屋都穿了一过儿，没有个人影。外面，鸡在惊叫。

她又走回来，走到房门口，她看见三个敌兵都托着枪冲着草房走来！

二十六

田麻子出卖了王举人。

在石队长威胁利诱下,他曾想到:从此改邪归正,洗净自己手上的血。虽然吃着二狗与日本人的饭,他并不喜欢他们。二狗会随便的卖了他,日本人的拳脚也并不因为他的谄笑而不加在他身上。他想:假若给石队长作点事,然后戒了烟,他大概可以将功赎罪,也去作个敢抵抗日本人的人。他不十分喜欢石队长,因为石队长知道他的恶行。可是,他不能不佩服石队长:石队长是条好汉。他自己在从前也曾充过好汉,他晓得什么是好汉,什么是狗屎。

他有知非改过的倾向,可是,没能成为决心。石队长给他钱花光了,他感到比悔改更实际更迫切的困难。没有钱买不来大烟;没有烟就没有了生命。他须活着。他不能教自己鼻涕眼泪长久的流着,身子像块破棉絮似的瘫在床上。他忘了石队长给过他钱,而反恨给的不多。

他听说二狗递给新东洋官三万元,二狗有作文城维持会长的希望。他看不起二狗,怀恨二狗,他可是不能与最无情的实际为敌。假若他自己有三万块钱送给日本人,他也可以作几天会长;他既没有,而二狗有,那么他就无法不从新巴结二狗,好保险自己有大烟吃。他知道日本人接了二狗的钱,而未必准教他作会长,日本是犯不上对中国人讲信义的。他想尽力促成二狗的高升，而后好教二狗因感激他而给他个肥缺。他也知道日本人受了贿赂以后，发表了行贿人的差事，不到两三个月便免了他的职，好去再另收一份贿赂。所以他愿二狗快快的升官，而且也快快给他个有油水的位置。不管二狗能作三个月还是半年，不管二狗在这短短的期间内怎么去搂钱，或是不搂钱（二狗家里有钱）；反正只要他得到个事便拚命的去搂，在两三个月里便要搂足了钱，搂够了大烟，而后他可以洗手不干，自自由由的躺在床上享受一个较长的时期。

为促成二狗的升官，他须从速的打倒王举人。王举人快快的下台，二狗才能快快的上台。他与王举人没有仇，但是王举人可也对他没有过好处，于是他下了结论：对自己没过好处的差不多也就是仇人；他有充分的理由去陷害王举人。

他知道石队长在王宅。于是，他一方面供给石队长消息，安住石队长的心；一方面他报告日本宪兵：王举人"通敌"。他并没实指出石队长——王宅的仆人——就是"敌"，因为他怕日本人马上去捉石队长，而他自己的性命也要有危险；他知道石队长手下有不少的人。他只说王举人通敌。这就够了。他晓得日本宪兵爱捉人，和狗熊爱吃蜂蜜一样。日本人捉人并不要多少证据与考虑。

王举人被宪兵"请"了去。

当田麻子计划这一切的时候，他忘记了梦莲。假若他记得，他一定不会漏下她。一来，多害一个人和少害一个人并没有多少分别，反正害人就是害人；二来，他知道一山是她的未婚夫——他不晓得她知道不知道一山是他害死的，可是他自己总心虚。王举人被请走，他急切的想见到二狗表功。

他没有想到二狗正在梦莲那里。看到了她,他发了慌,他忽然的明白了自己的计划有个漏洞。及至他看清楚二狗是在和她求爱,他觉得他已经不能害她;害了她便得罪了二狗。他是来向二狗表功,不是来得罪他的,同时,他感到忌妒。二狗既要升官,又要得个年轻漂亮的太太,未免太多了;他不愿教二狗福禄双全。还有,看到梦莲那么纯正,那么脆弱,他觉得只有释放了她,才能教自己心中舒服一点。多害一个人是不算什么的,假若他没害过一山与王举人;他觉得杀害全家未免太毒狠,他想给罪恶留一条缝子,好教自己有可原谅自己的余地。他决定放了她。

由王宅出来,他三步改作二步的赶上了二狗。二狗真要去看王举人,他,不错,是要把举人公顶下来,取而代之。可是,他并不想陷害那个没有多少用处的老人。况且,无论怎么说,举人公是他的明天的老丈人。为取悦于梦莲,他必须去营救他。

田麻子的一片话把他说服:"我给你办的,我够个朋友不够?文城只有你们王、刘两家,配作会长。王家不是刘家的仇人,也得算作仇人。举人老压着你们刘家一头!有他,你永远爬不到树尖儿上去!你还去看他?看他干吗?他的老骨头碎在狱里,还不是活该!"

"梦莲呢?"二狗问。

"举人是举人,她是她!"田麻子用破袖口擦了擦颤动的唇。"女人的心是朝外的,她丢了个会长父亲,而得到个会长丈夫. 还不心满意足?再说,女人多的很,何必非她不可?她爱丁一山。一山的鬼会跟着她;你想想看!"

二狗半天没说出话来。他决定不去看举人公。同时,他既舍不得梦莲，又很信一山的鬼有跟她一块儿来的可能：对付鬼还不是件很容易的事！他想不出妥当的办法来。

二狗不语，田麻子忽然害了怕。假若梦莲嫁了二狗，而又发现了她的父亲与一山都是他——田麻子——给害的，她能不鼓动着二狗来收拾他吗？他恨不能一拳把自己打死。一个作恶的人，他想，为什么要有时候后悔，而作出不利于自己的荒唐事呢！

同时，在二狗还没有放弃梦莲之前，他又苦苦劝他把她舍了；那一定会得罪了二狗，而得不到他所希望的肥缺。他心中有些发乱，像烟瘾犯了似的，头上出了汗。

"那什么，"田麻子擦了一把汗说："王举人要是有罪，梦莲恐怕也得受点委屈。你知道，她从前不是和丁一山定过婚吗？一山是'那边'的，日本人知道了，他们还会饶得了她？这么办，你把她交给我，我把她送出城去，不至于教日本人把她拿住。过些日子，事情都平静一点，我再把她送回来！我帮人就帮到底，只要我有大烟吃。"这末一句，他是同二狗要价钱。

二狗还没有拿定主意。

"我帮着你作会长，帮着你得到梦莲，二对一，你怎么酬谢我吧？"田麻子干脆的说出来。他心里想：假若二狗能给他一笔钱，他就偷偷的溜了，或者比在文城作个小事——有油水的小事——更省事更安全。

二狗爱钱。他不但不愿讲价还价，连钱字都不愿意提。"你好好的帮着我！只要我作了会长，还能没有你的事吗？"他不能掏自己的腰包，而只能假公济私的给田麻子一个位置。

田麻子到了该吸烟的时候。他恨不能当时把二狗杀了，可是精神已经来不及。他伸了手，"我先弄口烟吃!"二狗只给了他五块钱。他瘾得难过，连再央告一句都懒得张口。接过钱，他急忙往烟馆跑。

二十七

王举人作梦也没想到自己会有这么一步厄运。他没有什么识见，可是他的老眼能看到的，他都苦心焦虑的思索，一点没敢粗心。他不求什么分外的功名利禄，而只求保住自己已有的财产，只求八面都不得罪人，好保全住老命。谁想到日本人会这么翻脸无情，会把他捉到司令部来呢。

他害怕得厉害。他怕日本人没收了他的财产，怕日本人杀了他，怕日本人拷打他——最后，怕日本人糟蹋了他的女儿。从一进司令部的大门，他便颤抖得像患着恶性的疟疾。

当晚，他并没有受审。在一间没有窗纸，没有灯盏，而只有一堆干草与无限的潮气的小屋里，他被圈禁起来。这是优待室。优待室的左右都是普通的牢房，他看不见它们都是什么样子，而只能听见锁镣的响声与酸心的呜咽。

他自己没有受过这样的虐待，所以他永远没有关心过别人的苦痛。假若不是他自己被囚禁在此地，他决不会想象到日本人是这么野蛮，无情，残忍，而他的同胞们都受着这样的地狱里的毒刑与煎熬。他以为，在他入地狱以前，大家的惨受刑戮，都是祸由自取。假若大家能像他那么见机而作，处处顺从，他想，日本人就不会无缘无故的给大家苦头吃。大家吃苦，因为大家无知，日本人并不是豺狼。现在，他知道了日本人的真面目。

但是，他还不肯十分恨日本人。他总觉得自己的不幸多少是命运的关系。他在表面上自居为儒者；在心里，他却相信鬼神，报应，命运。什么都是运数：国家的兴亡，个人的昌败，都由命运管着，无法抵抗。日本人的侵略，在他想，是上应天数，理有固然。他不敢太恨日本人，而委屈含冤的认识自己的命运不佳。因为不能决心恨日本人，所以他对四外的哭声与哀叹并不愿予以同情。他只盼自己的厄运是个短时期的，不久他就会回到家中，享受着闭门悔过的清闲生活。至于那些哭号的囚徒是被日本人钉死在十字架上，还是被活活的烧死，就只凭他们的运气了，与他无关。

这样，他的心中安静了许多，他坐在了乱草上。他还害怕，可是恐惧常常被希望减轻，冲淡。他希望自己的运气不至坏到家破人亡的地步。日本人来捉他，也许完全是一点误会。慢慢的——更往实际一点的事情上想——他准备自己明天怎样去对付日本人。他极愿意得到他的水烟袋，假若吸上几口黄烟，他的思想必然的会更周密。

他准备好：对日本人，他应当对答如流，问什么说什么，教他们彻底了解他的态度："我不肯得罪人，因为只有谁也不得罪，我才能保住我的老命！我只希望保住老命，并不愿争权夺利！"他想好这些话，并且觉得这些话必能教日本人相信他的态度完全是一个读书明理的人所应取的。只要他们相信他的话，他们便会毫不迟缓的释放了他。出狱以后，他也顺手儿想到，他应当辞职，闭户读书，以度残年。不过，日本人若是仍旧教他作事呢，他也不便太坚决；坚决颇足以惹祸。

潮气四面侵袭着他，他的老骨头僵结到一处。他想立起来走动走动。他的磕膝可是僵得已经像一块砖。他抱着双膝，把下巴放在膝盖上。夜像死一样静寂，只有守兵的脚步声与囚犯的悲号时时给静寂一些难堪的变化。王举人想他的女儿。他落了泪。他冷，饿，骨节酸痛，寂寞，害怕；他想女儿。梦莲在哪儿呢？干什么呢？她是不是正在替他奔走，救他从速脱险呢？他想不到她一定是干什么呢，他想发怒。听一听守兵的脚步声在响，他不敢出声怒骂。他须忍耐，像个饥鼠似的在墙角度过这一夜；一到天明，事情就会有些眉目的。他似睡非睡的迷下一小会儿。

醒过来，睁开眼，反倒觉得是在梦中。四外的悲声已改为长叹和粗声的喘息或突然的短叫，每一个声音都给黑暗中的静寂一点有力的推动，而摸不清是在推动什么。他什么也不敢再想，他觉得四围会随时的过来一只潮湿的，有血的手带着声音，把他推开，推到更黑暗的地方去。他冷，饥，渴；他止不住咳嗽。自己的嗽声也奇怪，难听，好像是有个鬼怪在咳呢。潮气好像已经凝成露水，他觉得背上腿上已经湿透。

忍了好几个钟头，他以为应该天亮了，可是四围的潮气仿佛凝成了一张黑的纱，裹住他的身体，压住他的胸膛。天不但没有亮，反而更黑了。他在每一分钟都感到永久的黑暗。

忽然，外面响了一枪。随着枪声，他吐了一口痰；那个枪声是那么突然，那么响，直好像是由他心中唾出来的。他忘了四肢的坚硬与骨节的酸痛，猛的立了起来。外面紧着又是好几枪，枪声交织到一处，成为一片，在空中荡漾着。他跑到门口，摸到屋门，可是没法把它开开。枪声更密了。院中有人奔跑。他想跑出去。手在屋门上颤抖，他听到院中开了枪。离开门，他由没有窗纸的窗子往外看，看不清什么，只觉得仿佛有人，许多人，在院中跑步。又开了枪，他看见了火光，就离他不远。院中确是有人跑，他听见锁镣的响声，和喊叫。一会儿院中好像已经挤满了人。人的喊叫压下去枪声与锁镣的响动。人都像发了狂，声音在混乱了这中好像还有层次：喊声，吼声，在上面；脚镣唏哩哗啦在下面，当中夹着鞭声与肉声；浮在一片之上是远处的枪声，在天空上打着呼哨。他颤抖到不能再立住。仿佛为给自己一点力气似的，猛的他也喊了一声，可是声音是那么微弱，连他自已仿佛也没能听得真切。他辨不清院中是作什么，只知道大家是在乱碰乱打。他想堵耳孔，不再去听。正在这个时节，街上起了更大的声音。外边进来的声音像大浪压住小浪似的，把院中的嘈杂压得只剩了嗡嗡的一片。街上的喊声是一种狂野，无拘无束的，像千万匹野马在长嘶狂奔。人声中杂着枪声，有时候是一个单响，有时候是一串。举人公的嗓子里干得要冒出火来。他越要想一想这是什么事，他的腿越发软。他须用最大的力量去支持他的腿，他已没有余力去调动他的脑子。

火——远处的天空亮起来。看方向，火头是在举人公的宅子那边！他拚命的推门，想跑出去，一直跑到家。他的宅子是祖产，万不许烧掉！门推不开。近处也起了火，一会儿火头冒过了房顶，照亮了院内的树枝。这时候，他才看院里：囚犯们全带着"家伙"和守狱的敌兵打成一团。敌兵的枪已经不能射，像棍子似的抡，杵，击打。囚犯们用手上的铐，用口中的牙，向敌兵的身上袭击。有的绊倒，有的狂喊,有的负伤败退,有的流着血前进。高的,矮的,老的,少的,全是一团黑影,全在动,全在呼喊。几个敌兵像疯狗一般的挣扎突围,囚犯们像粘合在一处的向前逼进,一步不肯放松。敌兵向东,一群黑影向东;敌后向西,一团黑的,带声的,乱动的人们向西。动,一齐动;倒,一齐倒;滚,一齐滚。火光暗了一些,乱动的一团团的黑影,变成了乌黑的一片,只有喊声,铁链与铁镣的响声,分不出人形。火光忽然又亮起来,人们的面孔突然显露出来:不是脸,而是一些发红的,带着亮的,活动的什么怪东西。他不愿再看,可是他的眼又不肯放弃权利。他盼望这丑恶的景色不久便会消灭,好使他心中安静下来。他便希望囚犯都被日本兵打死,而日本兵连一个都不损失。他知道日本兵若受了损失,就必十倍百倍要求赔偿,说不定连他自己也要打罣误官司。他恨那些囚犯为什么这样的不度德不量力!"不要再打!不要再打!东洋人会屠城啊,混蛋们!"他颤抖着,用尽了力量叫喊。可怜,他的声音是那么微弱,没人听得见。

忽然,像天塌下来,一声巨响。军火库爆炸了,王举人昏倒在地上。

二十八

不晓得日本兵看见了她没有,梦莲极镇定的退回来。她并不知道自己是很镇定,而是直觉的看到最大的危险,不能慌张。一个相当大的声音就会要了她的命。

她忘了松叔叔的卧室有个旁门。可是,神经忽然像在梦里那么奇妙,她自自然然的奔了旁门去。她已紧张到极度,可是眼前的危险不准她发泄感情。她全身的神经仿佛结成一个钢硬的圆球,使她轻巧的从危险中滑出去。她的心,眼,和每一条神经,都注意在横在目前的危险;她的神经的全体动员使她过去一会儿便不能再想起她当时是怎样行动的。她动作得极快,可是她并不觉得快,因为她争取的是每一秒钟,每一秒钟,每一步,都是生与死交界的时间与地方。

出了旁门,好像不是她看到,而倒像飞到她眼中来的,她看见了一个有一房来高的草垛。她钻了进去。在草垛里,时间变成了极慢极慢的,仿佛永远不再动的东西。这时节,只有敌人的声音才足以教她感到时间的进行。可是,她听不到任何响动。不知等了多久,她又听到鸡的惊叫。时间复活了。随着鸡叫,她听见人的脚步声。危险是时间的随从。她闭住了气。她向来不迷信,现在她可是开始祷告。祷告并没有用处,鸡一边跑一边惊叫,奔草垛来了!嘎的一声,她觉得草在动;鸡飞到草垛上边。假若敌兵来攀草垛,她就必定被他们发现,而……她不敢往下再想。闭着眼,停止了思想,她等着死亡。

沉重而并不慢的脚步逼近了。每一步,她觉得,像一回小的地震。脚步停在了草垛前。她几乎要昏过去。草垛上的鸡尖锐的长号了一声,飞走;翅膀声和一串短而紧张的叫声一齐走远。鸡刚飞开,刺刀的尖儿刺进了草垛,离她的头有二寸远!她一动也没动。刺刀很快的退出去,脚步声又响了,离开了草垛。她倾耳听着,脚步声越去越远,她分不清那是她自己的心在跳还是敌人在行动呢。

没有任何动静了,一切都死去,梦莲昏昏沉沉的从草垛中爬出来。太阳已经落下去。西边的天空扯着几条微红不景气的薄云。她感到异常的疲乏和孤寂。她不敢进屋,也不知道上哪里去好。她走了几步,又背靠着草垛坐下。西边的红云更红了一些,忽然的发出点亮光;紧跟着,光又收敛回去,红云变成灰黄的一片雾。雾色很快的越来越深,黄昏变成了夜晚。梦莲忘了一切,盘旋在心中的只是:"松叔叔上哪儿去了呢?"

从松林里来了一声咳嗽,松叔叔!梦莲立起来,飞跑过去。她不敢喊叫,虽然她想狂叫。她一切委屈与恐惧都忘掉,心中有了痛快的热力。她的泪与笑一齐出来,一边抽嗒一边笑的立在郑老人的面前。

"莲姑娘?"松叔叔的惊讶使她张着嘴立定不动。

她越要笑,也就越要哭。她说不出话来。慢慢的那种近乎"歇司蒂利亚"的笑渐次被悲泣压抑下去,大串的热泪淌下来。

"怎么啦?莲姑娘!"老人凑过来。

抽冷子,她尖锐的笑了一声;紧跟着,哭出声来。

"怎么啦?"老人恭敬的,怜爱的,扶住她的右臂,注视着她。

她依旧说不出话来。

许久,她把泪洒净,可是更不能说话了。她告诉松叔叔什么呢?她自己有那么多的委屈,已经不是三言两语所能说净的,况且还有松叔叔的事呢!想到松叔叔的事,她觉得自己的委屈简直值不得一说:她自己到底还是活着,而松叔叔的独子,与新媳妇,都倒在田里呀!她不能不告诉他,但是怎样告诉呢?

"走吧,屋里去!"松叔叔说。

她不动,屋里去不得。一到屋里,他能不问铁柱子吗?有房,有地,有钱,那有什么用呢,假若人是在敌人的脚底下!

"什么时候来的?莲姑娘,没有见铁柱子吗?"松叔叔问。

她怎么回答呢?她必须回答,即使扯谎也比楞着强。"他在田里干活儿呢,我没惊动他。"

"噢!"老人口中不说,而心中很满意儿子这样辛勤,"媳妇呢?"

"也作活哪!"

"看!那个畜生!我嘱咐了又嘱咐,别叫日本鬼子看见她,他偏带她下地!走吧!屋里去!"

她不能去!天已经黑了,难道"那个畜生"还不应当回来?

"松叔叔!"她无可如何的,狠心的,说:"你敢进一趟城不敢?"

"什么时候了,还进城?"松叔叔看了看天,"你要一定教我去，我就去！"他赶忙改了口气，表示出他对梦莲是绝对服从的。

"松叔叔！"她低声的说："你要敢去，就赶快跑一趟，告诉石队长赶快准备！"

"准备什么呀？"

"日本人大概已经知道了他是……你知道他是干什么的？"

"知道！"松叔叔楞了一小会儿："好！我去！教他赶急逃跑，是不是？"

"告诉他我已经出了城，教他也赶紧准备；他是逃跑还是留在城里，那就凭他自己决定了。"

"好，我去！"松叔叔开始往前走。"来，到屋里来，等我嘱咐好了铁柱子给你们作什么吃的，我就走！"

"不用！不用！"梦莲又急又愧的拚命阻止他进屋子。"你快去！我会告诉铁柱子给我作饭！"松叔叔又往前走了几步。

"你就由这儿斜插着走吧！松叔叔！我进屋里去！"她怕松叔叔看见屋中为什么不点灯。

老人迟疑了一下。

"快去，松叔叔！我等着你吃饭！今天我住在这儿！"

"好哇！"听说她要住在这里，老人非常的高兴。"我快走！七点关城，我不会关在城里！"一边说，老人一边放开了脚步。

见老人走去，梦莲的心像一块石头落了地。可是她觉得自己太狠！地上摆着一对死尸，她还教老人冒险入城，太狠！但是，假若她不这样作，而教老人先看见死尸，他还肯去警告石队长吗？她不敢再去细想；惭愧没用，找出可以原谅自己的理由也没用。这是战争的时候，一切事都似乎另有一种逻辑。狠心或者是个必需！

她慢慢的走向铁柱子躺着的地点去。她很怕死尸，但是现在她决定替松叔叔作一点事，好去赎她欺骗他的罪过。

她能作什么呢？去掩埋死尸？还是把尸首都拉到屋里去？她没有那么大的力气，胆量，与本领。她恨自己这样无能，这样娇弱。她或是抗战中的废物。废物！废物！她叫着自己。

忽然想起来：死尸没有人看着，会有被野狗咬坏的危险。她至少须尽这一点看守着他们的责任！这个决定，使她的心里舒服了一点；她开始领略到能为别人作一点事的愉快．也明白了点为什么那些英雄们肯为国家丧命在沙场——人的最崇高的企图就是以很短促的生命求得永生的荣誉！

她的痛快可是没有保持得很久。松叔叔回来又该怎办呢？他只有这么一个儿子。看见儿子冰冷的卧在血里，他还不得哭死吗？她心中乱成一团麻。她慢慢的在离尸身不远的地方走来走去，到无可如何的时候，她抬头数着天上的星。那些美丽的，永远眨眼含笑的星，把她的心吸到天上去，她觉得自己只是小小的一粒砂土，或是一点浮尘。她愿忘去一切烦恼苦痛，像星那样清闲自在。低下头来，她可是又看见地上那三块东西，由这三块黑的东西，她想到松叔叔，一山，父亲，石队长，唐连长，和无数的死难的英雄与义民。战争把她的天真的心里的秩序打碎，除非她能从新建设自己，她就不能再抓到生命的意义。甜美的记忆只能教人哭泣；弹去泪珠，挺起胸，才能得到新的生命。她体会到这一点，也盼望松叔叔能这样；她和松叔叔还能用他们的一点毕命力量走入新的世界里边去！

二十九

王举人被捕的消息一会儿传遍了文城。饥饿的，受苦的文城人们互相传递这个消息；像忽然得到一点食粮或布正那么兴奋。他们恨举人公比恨二狗厉害，因为多少年来他们给举人公的是尊敬与爱戴，他们想不到他会那么软弱卑鄙，至于和二狗同污合流。他的投降不但是给文城，也是给孔圣人，丢了脸。不错，他没有像二狗那样作威作福，狗仗人势的欺侮人。可是，他们希望于文城的代表人的不只是消极的少作些恶，而是积极抵抗敌人。

消息传到，他们不顾得猜测谁来代替举人公作文城的会长，因为谁作会长也是听日本人的指挥，绝不会有什么德政。他们要猜测的倒是王举人为什么被捕。假若他是为贪赃枉法，被日本人拿去，他们就不必再替他操心；他死，活该！反之，他若是里应外合，还替中国政府作事，而被日本人看破了，他们就一定还尊敬他，加倍的尊敬他！他们日夜盼望的就是文城的要人还和中国政府暗通消息，有朝一日国军攻到，好里外夹攻，把日本鬼子赶尽杀绝！他们到如今还没找到一个这样的人，所以他们切盼王举人也许在死去以前还作出一件体面的事！

不到一个钟头，第二个消息又流动开了：二狗将要作会长。大家对这个消息并不感到多少兴趣，他们早已想到过二狗会有那么一天更得意更厉害，整个的变成个日本人。对目前这个消息，他们只撇了撇嘴，像听说野狗又吃了个死人那样。他们不希望二狗会作出什么好事来，正如同他们不希望一条驴会变成骏马。他们只盼望国军来到的时候把日本人和二狗一齐杀掉。

老郑进了城，马上听到关于举人公与二狗的消息。他开始明白梦莲为什么逃出城去。他立刻看到危险，他想赶快转身出城。松林是他的家，家里有他的儿子，媳妇。每一看到危险，他便毫不迟疑的想到：那片松林是最安全的地方，和有他在家，他的儿子和媳妇才不至于闯出乱子来。他想赶紧回家。可是，他最喜爱梦莲，又佩服石队长。他必须找到石队长，才能有脸回家。他不能只顾自己和自己的儿子，人家石队长是为国家大事才冒着大险来到文城的。老郑不是个完全自私的人。

上哪儿找石队长去呢？假若举人公已经真个被捕，石队长还敢在王宅吗？假若他不在王宅，文城虽是个小城，可是黑灯下火的，岂不是海里摸锅吗？想到这里，他心中有些急躁。他必须在关城门以前出城，也必须找到石队长，而石队长究竟在哪里又无从打听！同时，他很愿意看看举人公，虽然他明知道无望闯进司令部去。举人公既是他的地主，又是老朋友，虽然举人公给敌人作事是个大错误，可是既然被捕总是可怜的。从那里，他想到：假若举人公真得罪了日本人，日本人便会没收王宅的房子和田产；田产入了官，他自己是不是还能作佃户呢？他自己那点积蓄还不够买田的，一旦他若丢了王宅的地，哪能很容易就租到合适的地呢？难道快六十岁的人还去给人家作短工吗？况且在这兵荒马乱的年月，哪一家不是连妇女小孩都下地干活，谁还雇人呢？老郑腮动得很快很有力，口中出了酸水！没了王宅的田，简直是没了活路。最迫切的是田地若被没收，他一家马上便没有了住处；他的草房是和地连在一块儿的。他自己还好办，媳妇怎好呢？难道还能教年轻轻的媳妇天天去睡野地吗？一生刚强正直的老郑，身上出了汗，腿有些发软。他没法怨天恨命；这一切都是因为文城来了日本人！日本人比旱潦的灾患还更厉害；旱潦不能，而日本人能，教他没有地方去睡觉！

一边思索，一边走，老郑几乎忘了他是干什么呢？走到一条小巷子口上，他忽然被一只手抓住，扯进巷口。他刚要张口，拉他的人已在他耳旁轻声的说："快出城！"

老郑听出来，说话的是石队长。石队长已经改了装，嘴上还安了假胡子。

"梦莲，"老郑想极简单的说明来意。

石队长没等老郑说完，就问："她怎样？"

"在我那儿呢，她教我来告诉你！"

"好！我已经有了准备！你快走！"石队长把老郑从巷子里推出来。

石队长的紧张，谨慎，热烈，教老郑忘了刚才的一切顾虑与忧苦。他想：石队长，无论情形如何，是必会偷偷逃出文城，而一定和日本人较量个高低的。石队长是唐连长第二！有这样的人，文城就必定会重见天日！放开大步，他走出城去。

满身是汗，他来到家门。没有灯光，奇怪！"铁柱子！铁柱子！"老人连连的喊，心中很不高兴。"给莲姑娘作了饭没有？什么时候了，还不点灯？"他不住的叨唠。房里没有一点声音,他不敢迈步进去。"莲姑娘!莲姑娘!这是怎回事呢?"

从黑暗中跑来一个人。他定住老眼仔细瞧。他还没能辨出黑影是谁,黑影已出了声:"松叔叔!"老人带着点气,像斥责小孩似的说:"莲姑娘!这嗱晚儿,怎不进屋里去呢!那个畜生呢?媳妇怎也不见了呢?"

梦莲想问老人见到石队长没有,可是她说不出话来。她来到最大的难关!她不能再不对老人说实话了,可是她准知道实话会要了老人的命的!她已经预备了多少多少安慰老人的话,现在见到了他,却一句说不出了;安慰的话像什么外敷的药膏,只能抹在皮肤上,而不能治疗心病。她知道,在敌人的魔手下,一个人的死亡是毫不足为奇的事。这可是不能成为使老人不动心,不哭死的理由。道理是道理,骨肉是骨肉。她知道老人没有钱,没有地,而只有这么一个儿子。老人几乎不晓得老那么辛苦正直的活着是为了什么,假若不是因为他有个傻儿子。有子便有了一切,有子便有了永生。他会死,可是他的子子孙孙会永远活下去。她怎能告诉他:铁柱子已经死去两三个钟头了呢?

"莲姑娘!到底是怎回事?"老人有点着急了。

"进来说!"她扯着老人往屋里走。

老人点上了油灯。在灯光中,他看见个脸色惨白,眼皮红肿的莲姑娘。

"莲姑娘!说呀!怎回事?"

梦莲立不住了;腿一软,跪在了老人面前,搂住他的腿。"日本兵…"

"日本兵怎样?"老人几乎是喊叫着问。

"铁柱子!"

"铁柱子?"

"完了!"

"完了?谁?"

"铁柱子!"

屋中没有了声音,灯花轻轻的爆了一两下。

三　十

　　田麻子吸了几口烟，忍了一个小盹。睁开眼，他看清楚：自己白费了一片心机，完全失败！因他的报告，王举人下了狱，可是二狗并不感谢他，而只给了他五块钱！五块钱？那么大的功劳只值五块钱？可是，自己当时为什么伸手接过来呢？这五块钱是一座山，挡住了他的去路。他只值五块钱！以后，他每逢向二狗张口，二狗必不会给他添价，因为他卖了这么大力气才值五块钱！他得罪了王举人，石队长，为是从二狗手中拿到一笔数目可观的款项或一个肥美的地位，可是他自己塌了自己的台！他恨他自己！

　　待了一会儿，他原谅了自己，转而去恨二狗。二狗已经出卖过他一次，这次也当然不会以德报德，二狗天生的长条狼，给狼作事，早晚叫狼吃掉，没错儿！假若他再去麻烦二狗，说不定二狗会二次出卖了他！文城有二狗在，就没有田麻子！

　　他又赊了两口烟，极快的，狠命的，吸下去。抹了抹嘴，他找了二狗去。他决定取强硬的态度，他身上残余下的一点武艺至少可以降服住二狗，他不能再低三下四的央求，而必须理直气壮的索要他应得的报酬！

　　"你又来干什么？"二狗没有好气的问。

　　"又——来？"田麻子把那个难以消化的"又"字扯得很

长，像要把其中所含的味道都砸尽似的。

"刚刚给了你五块钱！"

"五"字比"又"字还更难消化，他的全身都是硬刺儿！"我告诉你！"田麻子的绿面上发出一种豆绿色的光，"给我五万块钱！少一个，不要想完事！"

二狗的胆子本来很小，可是他善于软的欺，硬的怕。他看不起田麻子，又不知道他曾经练过武功，所以没把他放在眼里。"快出去，我连五毛也不能再给你！"

"真的？"田麻子的嘴唇并没有颤，头上的青筋倒跳了起来。"真的？"他往前凑了两步。

"你干吗？"二狗的手去摸枪。他的枪不是为打人的，而只为壮自己的胆子。遇到软弱的人，像老头子和妇女们，他特别爱动枪；他们越软弱，他的枪的威风越大。他以为田麻子不过是个大烟鬼，一看见枪就会屁滚尿流的跑出去。

"哟喝！动枪吗？"田麻子冷笑了一阵。"告诉你，二狗！咱们都给日本人作事，全为的是得点便宜，你要把事情看明白了！你打算一口吃成胖子，不给朋友们留点份儿，请留神你的脑袋！"

"你滚出去！"二狗的枪掏出来了。他没有搬机关的意思，他怕枪的响声；他只想把田麻子吓跑。

田麻子杀过人，不怕枪和血。他不知道二狗是否真要打他，可是决心把枪夺过来。把枪拿在自己手里，他相信二狗就会屈膝。他冷笑了一下，举起左手去抓了抓头。二狗的眼神被田麻子的手领上去。田麻子的右手轻快的抓住二狗的腕子，一翻手，二狗缴了械。

二狗慌了。像胆小的小孩子似的，他想往外跑。田麻子挡住了路。二狗急了,他想叫人。

田麻子不怕二狗和他相打,而怕他喊人。二狗有日本人派来的保镖的。被他们看见,他们必定去报告给日本人,田麻子便不好在文城混下去了。

"不要出声!不要动!"田麻子命令着二狗。"给我钱,我不会打死你!"

二狗很怕死,但也爱钱。他想用"计":"把枪放下,咱们商议。"

田麻子放下了枪。二狗的心里痒了一下,以为田麻子中了计。他想伸手去抢枪。

"手不要动!"田麻子又下了命令:"快拿钱来!"

"我有钱也不会给你!"二狗的手极快的伸出去。

田麻子不去抢枪,而照准了二狗的太阳穴一拳打去。他的拳,因为打得是地方,得法,二狗登时倒在了地上。他没有杀二狗的意思,但是怕二狗再苏醒过来,去控告他,他把两只手一齐捏在二狗的脖子上。二狗翻了白眼。像手上有灰土似的,田麻子的双手互相撢了撢。挥完手,他楞了一小会儿。然后,他去摸二狗的口袋,没有多少钱。田麻子照准二狗的脸啐了两口。拿出他所发现的那点钱,装在自己的衣袋里,他又把二狗手上的金戒指捋了下来。最后,他把桌上的枪插在自己腰里。他镇定的,缓步走出来。

李德明在刚要关城门时候挤进城来。费了半个多钟头的工夫,他才找到石队长。

一见李德明,石队长的黑棋子似的眼珠发出了光,不知不觉的擦了擦手掌。"怎样?怎样?"他口中的热气吹到老李的耳中,怪痒痒的。他切盼上级的命令是马上动手,好去痛痛快快的打一场。他不能眼看着文城的同胞们一个个的都被敌人饿死,而自己的枪弹还是在身上带着。

"教我们马上撤退!"李德明也很失望的说。

"撤退?"石队长的心凉了半截儿:"真要命!真要命!"

"我们打了个大胜仗!"李德明把已经挑出来的大拇指急忙放下去。"敌人的右纵队渡了河,教咱们旅长给解决了一半。刚才我遇见住在城外的贺国升,他说:敌人的野炮本来是十二匹骡子拉出去的,现在拉回来的只剩了六匹骡子;炮车的后半截和六匹骡子大概都教咱们旅长给留下了。顶可笑的是六匹骡子拉着半截炮车,敌人还在车站上操演呢!他们以为咱们连什么叫炮车都不懂呢!"

"快说要紧的!"石队长听见别人打胜仗,又快活,又有点扫兴——因为他自己没能参加。

"右纵队垮了,敌人的左纵队没敢渡河就退回来了。那天的空袭,就是咱们空军来扫射往后退的左纵队。"

"扫射得怎样?"石队长问。

"详情还不知道。"

"往下说,真要命!"

"咱们既打胜仗.敌人当然一时不敢进攻西山。"李德明的话被石队长接过去。

"他们不会死心,准保还得再攻!"

"是呀!所以我说'一时'不敢再攻啊!旅长已经回到王村,教咱们也快回去!"

"回去!"石队长肚中的煮白薯要都翻上来,口中漾着酸水。

"咱们的任务原是来扰乱敌人的后方。现在敌人既停止了进攻，左纵队也原封没动的撤回来，我们当然无须攻取文城，那么咱们三十二个人！"

"三十一个！丁一山已经死了！真要命！"石队长矫正李德明的错误。

"嗯，三十一个人也就无须再白白的牺牲了，所以旅长叫咱们赶快回去。"

"真要命！白来一趟！"石队长楞起来。

"命令是命令！"

"谁不知道命令是命令？"石队长急扯白脸的说。他抬头看了星。"反正今天出不去城啦！"

"已经关了城！"李德明给找补上。

"明天一清早，你出城，通知城外的人。教他们等着，看咱们都安全的出了城，你们再走。过了河在李村集合。现在——"石队长想了一下，"你吃了饭没有？"

"没哪！"李德明顿时觉得肚子很饿。"本想在老郑那里要两个饼子吃，不知道怎么草房里连个灯亮也没有！"

"老郑刚刚出城。"

"他来过？"

"来告诉我留神！王举人被捕，梦莲姑娘出了城！"

"王举人——喝！说不定咱们还不大好容易出城了呢！"

"他们要是今个晚上审问王举人，十之八九咱们得动手，不管有命令没有！"

"怎么？"

"木头脑袋，给他两个嘴巴，还不都说出来？他一招，咱们还得了？快去，到烟馆找点东西吃！吃完，警戒！今天夜里谁也不能睡！留神！"石队长一气说完，把自己藏在黑影里，预备一夜不睡。

李德明离烟馆还有十步，他变成了个石头人。烟馆的厚毡帘子慢慢的被掀起，出来个日本宪兵。帘子还没落下去，两个被捆绑着的人像被推出来的，很快的跳在房檐下，房檐下悬着个相当亮的玻璃灯。紧跟着，又出来两个宪兵，帘子似落没落的工夫，田麻子得意的扭出来。

李德明由石头变成一股烟，一步蹿到黑影里。没有命令，他不敢开枪，虽然他已把枪掏出来。

田麻子打死二狗，想逃出文城，到别处另起炉灶。可是，他不敢逃，怕把事情弄明了。再说，逃到哪儿去呢？到日本人管着的地方去，早晚是要落网。到中国地方去呢？又没有大烟吃！本来他不敢直接出卖石队长，现在，他急得发了昏，不能再细细的思索。他向宪兵告密。到王宅，他扑了空，没找到石队长。他领着宪兵到烟馆来。石队长手下的两位弟兄奉命监视着田麻子，住在烟馆里。往日，他们轮流着给田麻子钉梢，随时向石队长报告麻子的行动。可是，今天田麻子告诉他们，他要改邪归正，去暗杀二狗，所以他们给了他一点自由。他们正在烟馆里等他回来，田麻子却同日本宪兵由前后门包抄，把他们擒住。

李德明像箭头似的，飞奔了石队长去。

听完了老李的简单报告，石队长只说了声："真要命！"带着老李就走。他们的脚步像夜间下山的雄狮子似的，步大，声轻，而且很快。在一个小巷口上，他同老李等田麻子们过来。过来了，石队长容他们走过巷口，而后跟上来。田麻子在最后。石队长的小刀一下子插入他的腰窝，只留下一点木柄。田麻子喊了一声，倒下。石队长的刀子拔出来，赏给了宪兵的后心。同时,李德明的两只大手把另一个宪兵的脖子掐住,要活生生的把头拔下来。最前面的宪兵转回身来,开了枪——王举人在监狱里听见的头一枪。两个被捆着的弟兄向左右闪开,李德明一个泼脚把开枪的宪兵摔倒,照着头上还了一枪。极快的把两个弟兄的绳索解开,石队长说了声:"动手!"

三十一

两声枪响惊动了全城。受尽压迫与耻辱的文城早就想报复，再加上前几天听到日本人在河边上吃败仗的消息，与今天王举人的被捕，人们已不再考虑自己有没有良好的武器和严密的组织，而只想有个机会便去报仇。除了几个汉奸，人人都拿日本人当作仇人；日本人不只杀了某家的男人，或奸淫了某家的姑娘，而且普遍的教文城的人没有东西吃。文城每家都有饿死的人！

在从前，听到枪声，他们只会把自己藏在黑暗的地方，像个半死的人似的那样不能多管别人家的事；他们只有把自己的心变成麻木的，才能使自己在黑影里多喘息一会儿。现在，他们知道了敌人有比枪刀更厉害的武器——饥饿！他们必须不再怕枪响，不再怕敌人，才能把自己从死亡里拉回来。即使他们因抵抗而失败，而死亡，这样的死亡也比饿成两层皮，在床上偷偷的断了气好。他们，现在，听见了枪声，不但不往黑影里躲藏，反倒拿起他们所能找到的武器走出屋门。复仇与雪耻的热情开了闸。

石队长的手下早已准备好，听见枪响，他们从小巷里，人家内，破庙中，全拿着武器，小心而兴奋的跑出来。石队长带着李德明往十字街口跑。十字街口的高杆上悬着一盏大煤汽灯，惨绿的光射出老远。石队长看灯，李德明看灯下的

"岗"。双枪一齐响,灯碎了,噗的起了一团红光,然后暗淡下去,惨白的街变成黑暗。灯下面的岗位,随着灯的熄灭走入永久的黑暗,血溅在杆子上。刚被石队长救下来的两位弟兄,跑回烟馆。烟馆的对门是王举人公馆;他们的任务是在王宅放火。石队长与李德明一个在左,一个在右,擦着墙壁与馆户的门脸儿疾行,奔向小城隍庙去。

给二狗家中放火的两位弟兄来到。他们不甚得手。二狗糊里糊涂的死去,马上有人报告给日本人。日本宪兵来到,没有管二狗,而先四下搜索——搜索的不是凶手,而是便于携带的珍贵东西。带着在岛国培养成的心,与惯作海寇的眼,他们看什么都是好的。他们愿意把东西都拿走,但是无法不加以选择;他们并没有把贼船驶到文城来。他们兴奋,贪婪,迟疑;看到件值十元的东西就好像看到了富士山。街上响了枪,他们舍不得停止搜索。枪又响了,他们不得已的胡乱把东西塞在衣袋与裤袋里,一齐冲出来。大门变成了战场。打了有十来分钟,我们的两位弟兄掷出手榴弹。不管敌人是都死在大门内与否,他们两位绕到院旁,跳进墙去,放起了火。这个火头比王宅的迟了十分钟。

城内的火起来,城外埋伏着的弟兄把手榴弹投入了货栈。为牵制车站上的敌兵,他们散开,由四面射击。

城内城外的火光在天空接联成一片,城外城内的敌兵立时四下里散开。他们摸不清我们的主力在哪里,不知道我们一共有多少人,他们只能给各处以同等的注意。他们提着枪沿着墙根向各处疾走,没想到城中的百姓们会向他们袭击。墙垛旁,树后,小巷口,街门中,随时的砍出菜刀,铁锹,或打出木棍,使他们无法前进。他们上了刺刀,见人就刺,四围的人越来越多,有的赤手空拳来夺他们的枪。他们狂喊,百姓们也狂喊。火越烧越旺,人越打越多,闪动的是火光,飞溅的是肉血。敌人冲杀,我们围裹,每条街都有多少人在喊,在打,在厮杀。

敌兵调了机关枪。敌兵有了据点,我们的百姓渐渐分散,仍旧藏躲在门后.树后,或爬在地上。街上伏着许多不能动的人,有的已死,有的痛苦喊叫;我们的兵与百姓之间也有敌兵,头拚着头,或手挨着手,躺在一处,分不出谁是战胜与战败者;侵略的野心与复仇的狂热使大家的血流在一处,把街道流红。

百姓的自动的助战,加大了我军的声势。我军去放火,打开监狱,选定了隐蔽袭击敌人。有百姓的到处截杀,敌人始终没有发现我们的零散的,分布在四处的,小据点。我们的择定了的小据点可是始终不动,石队长有命令:"各守据点,非到万不得已的时候不准移动!"这样,我们布好了的旗子才在纷乱中有了一定的地位,分散得合适,集合得容易,联络得迅速。火大人多,枪密,石队长却清清楚楚的知道哪里有几个人,哪个人是干什么。他极忙,极沉着,他像一根有力的鞭子,抽动着战斗的陀螺。

敌兵有了据点之后,百姓们渐渐后退,敌兵开始去找我们的据点。火光更明了,城内可是比较的清静了一些。我们的每一个小据点,只有一两支枪,它从暗中极准确,冷静,每发必中的,射击,敌兵找到了我们的据点,而找不到我们的人,他们开始用机关枪向房屋,树木,铺户,发狂的扫射。扫射过一大阵,他们以为我们的人已经死在掩蔽物后边,忽然的一个手榴弹飞来,炸在机枪的附近。他们再发枪，我们又藏起来。这样，我们的小据点，在交战的一个钟头内，始终没有移动，没有减少。

这样四外拖住敌兵，石队长亲自指挥，帮攻小城隍庙的火药库。

石队长撕去唇上的假须，把脚上的大毛窝——在王宅挑水时穿的那一双——甩去老远。脚上剩下四大妈给他做的棉布袜，跑起来又软又不出声儿；他跑，他跳，活像一条去交战的豹子。不，他自己并没觉得像条豹子。他已经忘了自己是肉作的任何活东西。他变成了一股极热的气，或是一颗烧红的，碰着阻碍就会爆炸的，钢弹。他什么都忘了，连"真要命"也不再说。他只记得他须前进，不管前边有刀山还是油锅。只要他前进，他觉得，就没有东西能挡得住他，他是飞着的，带着呼哨的，能把山打破一块的，炮弹。他的七棱八瓣的脸好像刚刚用刀从新雕刻过一回，棱角越发分明。他不丑了，他的脸上的棱角，不论是在黑影里，还是火光中都有一种战争中特有的美。这种美的小注应当是威严与壮烈。

他可是并不一味的蛮干。他的责任与经验告诉了他，战争是要消灭敌人，而不被敌人消灭。他要用他的胆子，力气，四肢百体；同时，他也须用他的脑子。他像要跳过山涧的虎，跳的极快，可是也计算得极正确；闭着眼乱跳，必会教他自己碎身在深涧中。他闪动，他隐藏，是为躲着危险，而且要把危险消灭。

到了小城隍庙，教李德明钉住了门外的两个卫兵，石队长自己像个旋风似的绕到庙后，看看他的弟兄们都埋伏好没有。大家都已准备好。他又极快的跑回来。一声老鹰叫，他与李德明的枪一齐开了火。卫兵倒了一个，李德明打偏了，那个卫兵一步蹿进庙里。庙后没有响动,石队长知道大家在爬墙。李德明往前赶,石队长喊了一声"找隐蔽!"他自己一跃,手扒住墙头。李德明刚要往旁边跑,门内开了枪,李德明扶住庙门的门框,慢慢倒下去。石队长的手榴弹从墙头投到庙门,庙内一声爆炸,他的脚落了地,背靠墙,喘了一口气。墙好像晃了两晃。

庙后还没有动静——石队长楞了一下:"难道出了毛病?"他可是不能离开前门,前门最危险,非他自己把住不可。他只好相信他的手下必能达到任务。院里响了机关枪,他知道弟兄们一定不甚得手。他顺着墙根儿爬,爬到庙门,摸到李德明的大脚。他的心痛了一下。用李壮士的身躯作掩护,他一边低声的叫:"老李!老李!"一边往院中看,老李已不会回答!火光是由上边射出来的,机枪安在殿前的松树杈巴上——好能越墙打到庙外。机枪稍停,他听到庙后面开了枪,他心中说:"坏了!他们进不来!"他是不是应当跑到后边看看呢?不,他得引逗那架机关枪!拍!他向松树开了枪,机枪又发了狂。他不再动。他想怎么处置老李。没办法。他不能为拖走朋友的尸身而离开岗位。他身已和死的距离也不过就像他离老李这么远。军人不考虑死!军人都该像老李这样死!尸身算什么呢?军人要留下的是"军人魂"!

火药库必须拿下来,否则大家的牺牲便没多少代价。而且,必须马上拿下;敌人增援来到就不好办了。石队长决定爬进庙内。非进到庙内,找到合适的地方,他不能把手榴弹准确的抛到树上去。他不能再等。他开始爬动。每移一寸,他就觉得离死亡近了一寸,但是他必须朝着机关枪前进。不但要前进,还要安全的达到目的;只凭一股勇气去牺牲自己是会连累到众兄弟的。他的汗流湿了他的厚棉袜。他紧紧的爬在地上,可是他的心像飘荡在空中。他须控制住全身的任何一个动作,而且不能稍微喘一喘气。他累得慌,他的铁的手指已经有些发颤。不知爬了多久,他才爬到庙门内,滚到一丛迎春底下。他慢慢的,提着气,坐起来;迎春的枝掩盖着他的头。他抡臂,扔出他的手榴弹。他成了功。

眼睛一亮,他滚到墙根。蜷着身,贴着墙根,他往后跑。在殿后,他看见了敌兵,他开了枪。随着枪声,学了一声老鹰,吱,吱!嘹嘹嘹!扒住大殿的墙角,他探一下头,开一次枪,后面墙头上露出来了人头。敌兵显出慌乱,不知脊背朝着哪方才能躲开枪弹。墙头上落下人来。石队长停止了开枪。黑影与黑影在肉搏。敌兵慢慢的减少。街上的杀声微弱起来,火光可是更亮了。一个敌兵,已经丢了枪,往外跑。石队长等着。敌兵跑到他身旁,他一拳打碎了矮鬼的腮。又是一声鹰叫,几位弟兄奔到正殿,后面还在撕打。石队长的命令:

"孟长发,进去泼油,钱大成,投手榴弹!"命令发下,一声鹰叫。石队长领着未阵亡的弟兄一阵风似的跑出庙外。

离庙有半里地,文城的天塌了下来。火药的爆炸,压下去一切声音。灰,瓦,砖,像雨一般打下来。石队长的耳朵聋了一会儿。

"赶快出城!能爬城的爬城!能找到敌人的尸的,剥下他们的军衣,换上,明天早上混出城去。逃不出去的,找可靠的百姓家里藏起来,等机会出城!愿意还继续干的,打!"

大家一致的喊了声"打!"

"好!分头增援各处据点!"说完,石队长首先冲入枪声最密的地方去。

三十二

天快明。城外的八位弟兄,烧了货栈,打死三十多敌兵,炸坏了两尊野炮。他们退走,只失踪了一位。货栈还冒着烟,残破的野炮在站台上躺着,敌兵在残夜的清风里发楞。他们不晓得这到底是怎一回事。他们作着梦——那侵略的,抢夺的,发财升官的梦——而来,现在又走入一个渺茫的,危险的,生与死的界限不分明的,梦中。那些死尸像是梦的余渣,冰冷的躺在晓风里。多么大的中国呀。它是永远用尸身填不满的海!

城内,火也渐熄。到处都流动着黑烟,躺着死人,充满了火药气。屋瓦,墙壁,门窗,全是洞。小城隍庙的本身与附近是一片瓦砾。王举人死了,二狗死了,田麻子也死了;爱惜性命的,钱财的,与大烟的,都在战争中胡胡涂涂的结束了他们自己的性命与欲望。抗战是硬性的,软弱与敷衍得不到胜利,也逃不出死亡。敌方官兵死了一百五十多人。他们并不像打仗,而是忽然的落在死亡的深渊中。他们的凶狠,残忍,横暴,使他们自己的脚不能在人道的大路上立稳,他们自己把死亡唤到头上来。小风儿很小很尖,似乎专为吹寒了还活着的敌兵的心。

全城静寂起来。文城的人们没有哭声,虽然死去几百人。死去的得到了永久的自由,因为他们是为抵抗敌人而丧掉生命的。活着的预备下次去死,他们手上的血是敌人身上流出的,敌人的血并不是什么不可触犯的东西。文城的人少了,而文城的心却坚硬起来。文城虽小,而无可压服。文城的心开始与西边大山上的炮声,与全国抗战的雄心一致的跳动。

石队长的手下只剩了五个人,其余的全含着笑死在文城。石队长的臂上受了伤,藏在老百姓家里。在一口寿木里睡了三夜后,他忍着痛爬城墙,带着末一颗手榴弹。已经脚落了地,他被城墙外的卫兵发现。他不能为消灭一个敌兵用了他的最后一颗手榴弹;他的手榴弹的价值不能那么低廉。他须把更多的敌兵,诱到适当的地方,而后扔出他的宝贵的利器。敌兵的哨子响了。他往前跑。敌兵开枪了。显然的,敌兵一个人不敢追他,而开枪不过是示威,并没有准确的瞄准。他拚命往前跑。跑出老远,他回头看了看,后面有七八个敌兵追来。石队长心中觉得很得意——前两天的举动,已教敌人胆寒,现在他们得用七八个人追逐一个。喘了口气,他再跑。他的臂上极疼,他咬上了牙。他须忘了自己,而把自己只当作引诱敌人到死地的,像捉鸟兽的"招子"似的。敌人必须消灭,他自己也必须牺牲。

只顾跑,只顾找消灭敌人的适当地方,他几乎不认得方向。忘了自己是在哪儿呢。跑着跑着,他认识了路,他是向老郑的松林那边儿呢。敌兵是不是要追出他那么远呢?松林是好地方,可是敌兵敢去不敢去?他又立住了。敌兵又开了枪。他伏在地上。极快的立起来。回头看了一眼,敌兵好像迟疑了一下,才又追上来。他再跑,他看见了松林。天快亮,松树非常的黑。那些黑的树教他心中感到高兴。好像见到了许多老朋友。可是,他立刻想起来,他是不是应当到松林里去,而给他的朋友老郑惹祸呢?他几乎要缓了脚步,想一想。但是,他不能思想,后面的枪弹不许他思索。他只盼老郑全家听到枪声,已经躲开。他奔到了松林。草房的门开着呢,是否是老郑早在前两天的战事里已经逃走,或被敌人杀了呢?他本不想跑进屋中去,但是,屋中若没有人,就一定比外边更容易引诱敌人。他若躲在林内,敌人必定散开搜索!他在屋中,他们一定会一齐上来。而手榴弹的用处才会加大。他扑进门内,几乎绊倒。屋里还相当的黑。用手去摸,尸身!他以为老郑,或者梦莲,已经被杀。死亡已经不是什么可稀奇的事。他反倒痛快了——他找到了很好的棺材。极快的,他抱进四五捆麦秸,把灯油洒在上面。敌兵到了,他笑了笑,喊了声"杀",把手榴弹掷出去,他把火柴划了,点着了麦秸,一捆捆的抛在四下里。他知道一个手榴弹不能把敌兵完全消灭,他决定不作俘虏!敌人至少还活着两三个,从离门有十几步地方放枪。

麦秸烧起来,石队长看清楚,地下躺着的是铁柱子和媳妇。他没有了武器,听着外面的枪声,无从还手。他楞楞的看那一双良善无辜而惨遭屠戮的小夫妇。因爬城,因疾跑,他臂上的伤口,本来就没裹好,开始往外淌血。他坐在尸身的旁边。他等着化为灰烬。他完全无忧无虑,只觉得生命随着鲜血往外流泄。慢慢的,烟充满草屋,迷住他的眼。他觉到憋闷,心中可是很平安。他完成了他的——一个军人的——任务,而且在已经不能抵抗的时候,决定不作俘虏。屋里四下里吐出了火舌。在烟与火中,他昏昏忽忽的,光荣的,倒在地上。外面的枪声停止。由窗户,由屋门,由草屋顶，伸出红亮的火舌，舐着发出香味的，翠绿的松枝。烟向上升，东方有一片片红的晓霞，霞上射出金光。草房上的烟还往上升，像要升入那片丹霞去。

*　　　　　*　　　　　*

在王村，梦莲要求旅长收容她，在军队中服务。她告诉旅长，她是丁一山的未婚妻！一山死了，她必用工作去纪念他。旅长派人把她送到师部去，师部里有政工大队，男女兼收。

松叔叔跟着她到师部去。师长听完了老人的故事，给了他一百元钱，教他去作小买卖。老郑摇着头说："铁柱子！不，师长！我老了不能当兵，还能作个伙夫！"师长派他去在政工大队作勤务。他还很朗硬，很辛勤，只是每逢说话，不知不觉的老先叫一声"铁柱子！"